《流浪地球》的数理化

郑文静 / 著

中国财富出版社有限公司

图书在版编目（CIP）数据

《流浪地球》的数理化／郑文静著．—北京：中国财富出版社有限公司，2023.1

ISBN 978-7-5047-7847-5

Ⅰ．①流… Ⅱ．①郑… Ⅲ．①科学知识–青少年读物 Ⅳ．① Z228.2

中国版本图书馆 CIP 数据核字 (2022) 第 224667 号

策划编辑	张彩霞	责任编辑	张红燕 李小红	版权编辑	李 洋
责任印制	尚立业	责任校对	张营营	责任发行	杨恩磊

出版发行	中国财富出版社有限公司		
社　　址	北京市丰台区南四环西路 188 号 5 区 20 楼	邮　　编	100070
电　　话	010-52227588 转 2098（发行部）	010-52227588 转 321（总编室）	
	010-52227566（24 小时读者服务）	010-52227588 转 305（质检部）	
网　　址	http://www.cfpress.com.cn	排　　版	北京立士思行文化传媒有限公司
经　　销	新华书店	印　　刷	三河市元兴印务有限公司
书　　号	ISBN 978-7-5047-7847-5/Z・0011		
开　　本	710 mm×1000 mm 1/16	版　　次	2023 年 1 月第 1 版
印　　张	14	印　　次	2023 年 1 月第 1 次印刷
字　　数	202 千字	定　　价	58.00 元

版权所有・侵权必究・印装差错・负责调换

刘慈欣
和小朋友的
互动问答

《流浪地球》的数理化

宇浩同学（小六）

刚开始看《流浪地球》这本书的时候，让我印象非常深刻的东西是"地球发动机"，这个东西太了不起了，可以像汽车引擎一样，帮助地球快速地驶离太阳系。我想知道，刘慈欣叔叔是怎么想到"地球发动机"这个东西的呢？是不是也把地球想象成了一辆汽车？

刘慈欣

在未来，如果人类想在太阳系外的恒星间航行，就需要很长的时间，可能长达好几代人，靠飞船携带的食物和水生存就远远不够了，这就需要在飞船上建立和地球一样的生态循环系统，生命可以在这样的系统中生生不息。同时，能够建立这样生态系统的飞船可能是巨大的。这就让我们想

| 刘慈欣和小朋友的互动问答

到我们的地球本身就很像一艘这样的飞船,我们都是这艘飞船上的乘员。唯一不同的是地球上没有发动机,只能在太阳的引力下环绕运行。这时,我们就会想到能不能给地球装上一个发动机,让它在太阳系外航行呢?这就是"地球发动机"设想的来源。

《流浪地球》的数理化

蔼昕同学
（初一）

人类之间的关系，会受到机器人的影响吗？未来，人们会有怎么样的人际关系呢？大家会不会都冷冰冰地对待彼此呢？

刘慈欣

肯定会受影响，因为当机器人的智能水平提高以后，人与机器人的关系可能会代替一部分人与人的关系，但这也并不意味着大家都会冷冰冰地对待彼此，这时，可能会发展出一种新型的人际关系和社会关系，以机器人为媒介，人与人之间也可能有更多的交流，因而也可能有更为融洽的关系和新形式的友谊。

刘慈欣和小朋友的互动问答

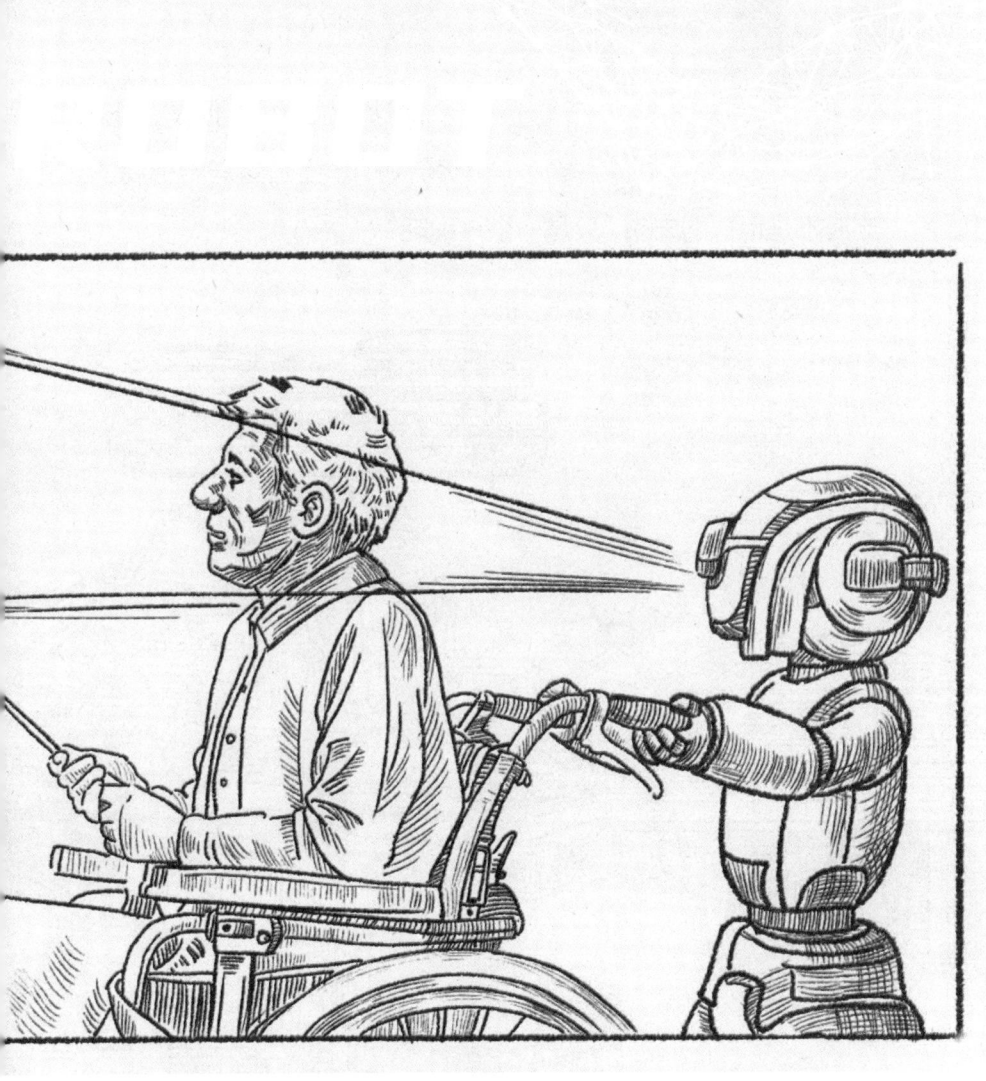

| 《流浪地球》的数理化 |

Q3

> 斯彦同学
> （初一）

地球去流浪了，但是并不会永远流浪，作品是这样告诉我的。流浪不是地球的未来，只是一个过程吧？

刘慈欣和小朋友的互动问答

刘慈欣　这不一定，以我们传统的想法，文明存在意味着在行星上定居，但当未来的文明发展到一定的程度，他们可能拥有规模巨大的宇宙飞船，这种飞船或它们的组合体的体积甚至可能与行星的相当，其中也拥有能够永远运行的生态系统，这就意味着文明可能处于永远的航行之中，我们把这样的文明形态叫星舰文明。

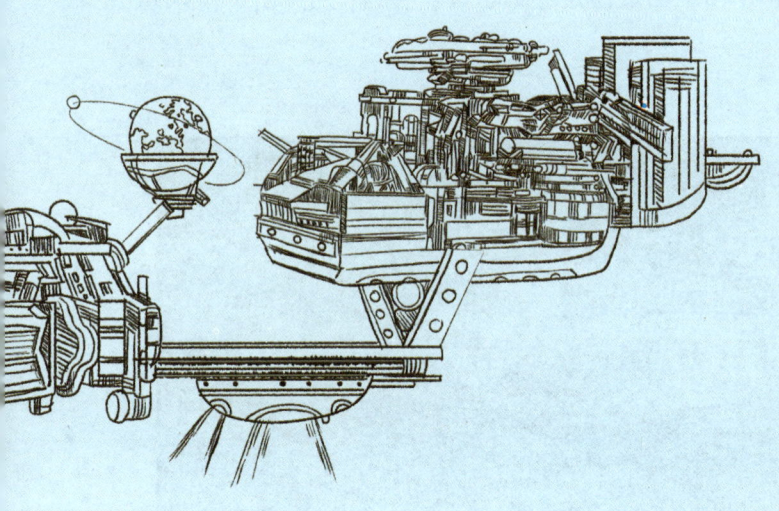

《流浪地球》的数理化

笑天同学
（初二）

与自然和宇宙相比，人类是非常渺小的。但是人不断地改变了身边的环境，人类就像是上帝的手指一样。我觉得刘慈欣叔叔最了不起的是，把地球的命运和人类的命运放在一起，让人类去挽救地球，也就是挽救自己。这是非常大胆的想法。看了这本书，我好像洞穿了世界和宇宙。但是，我也有个问题，人类自身的力量究竟是怎么来的呢？

刘慈欣和小朋友的互动问答

刘慈欣：人类自身的力量只能来自科学技术，离开了科技，不管在其他方面如何进步，人类作为一个整体终究是软弱无力的。

第一篇 刹车时代

第一章 倾倒的巨殿 / 2
第二章 地球的高峰 / 13
第三章 旅行的挑战 / 26
第四章 可怕的太阳 / 40
第五章 逃跑的姿势 / 54
第六章 流浪的起点 / 66

第二篇 逃逸时代

第一章 文明的动力 / 84
第二章 异化的四季 / 95
第三章 地下的灾难 / 109
第四章 奥运的际遇 / 120
第五章 神奇的武器 / 130
第六章 危险的穿越 / 139
第七章 无尽的长夜 / 150
第八章 行星的交会 / 160
第九章 太阳的脸庞 / 170
第十章 恒星的终结 / 184

第三篇 流浪时代

孤独的航程 / 196

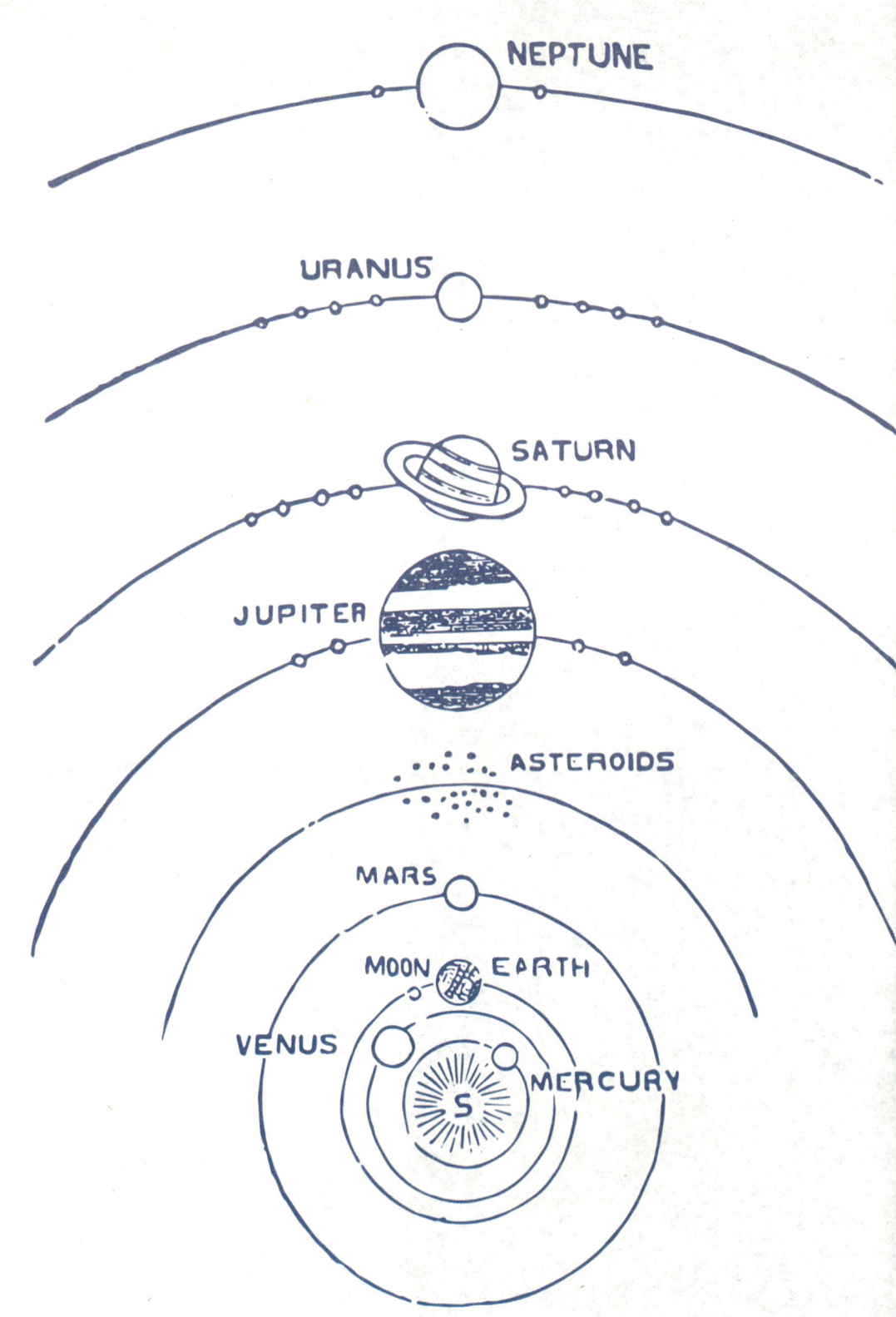

CHAPTER 1

第一篇　刹车时代

·倾倒的巨殿·地球的高峰·旅行的挑战·可怕的太阳·逃跑的姿势·流浪的起点

第一章
倾倒的巨殿

> **原文摘录**
> ### 出生在地球最后一个黄昏的孩子

我没见过黑夜,我没见过星星,我没见过春天、秋天和冬天。

我出生在刹车时代结束的时候,那时地球刚刚停止转动。地球自转刹车用了42年,比联合政府的计划长了3年。妈妈给我讲过我们全家看最后一个日落的情景。太阳落得很慢,仿佛在地平线上停住了,用了三天三夜才落下去。当然,以后没有"天",也没有"夜"了,东半球在相当长的一段时间里(有十几年吧)将处于永远的黄昏中,因为太阳在地平线下并没落深,还在半边天上映出它的光芒。就在那次漫长的日落中,我出生了。

第一篇 刹车时代

黄昏并不意味着昏暗，地球发动机把整个北半球照得通明。地球发动机安装在亚洲和美洲大陆上，因为只有这两个大陆完整坚实的板块结构才能承受发动机对地球巨大的推力。地球发动机共有12000台，分布在亚洲和美洲大陆的各个平原上。

从我住的地方，可以看到几百台发动机喷出的等离子体光柱。你想象一座巨大的宫殿，有雅典卫城上的神殿那么大，殿中有无数根顶天立地的巨柱，每根柱子都像巨大的日光灯管那样发出蓝白色的强光。而你则是那巨大宫殿地板上的一个细菌，这样，你就可以想象到我所在的世界是什么样子了。

《流浪地球》的数理化

其实，这样描述还不是太准确，是地球发动机产生的切线推力分量刹住了地球的自转，因此，地球发动机的喷射必须有一定的角度，这样天空中的那些巨型光柱是倾斜的，我们是处在一个将要倾倒的巨殿中！南半球的人来到北半球后突然置身于这个环境中，多半会精神失常的。

比这景象更可怕的是发动机带来的酷热，户外气温高达七八十摄氏度，必须穿冷却服才能外出。在这样的气温下，常常会有暴雨，而发动机光柱穿过乌云时的景象简直是一场噩梦！光柱蓝白色的强光在云中散射，变成无数种色彩组成的疯狂涌动的光晕，整个天空仿佛被白热的火山岩浆所覆盖。爷爷老糊涂了，有一次被酷热折磨得实在受不了，看到下大雨喜出望外，赤膊冲出门去，我们没来得及拦住他，外面的雨点已被地球发动机超高温的等离子光柱烤沸，把他身上烫脱了一层皮。

但对于我们这一代在北半球出生的人来说，这一切都很自然，就如同对于刹车时代以前的人们，能看见太阳、星星和月亮那么自然。我们把那以前人类的历史都叫作前太阳时代，那真是个让人神往的黄金时代呀！

第一篇｜刹车时代

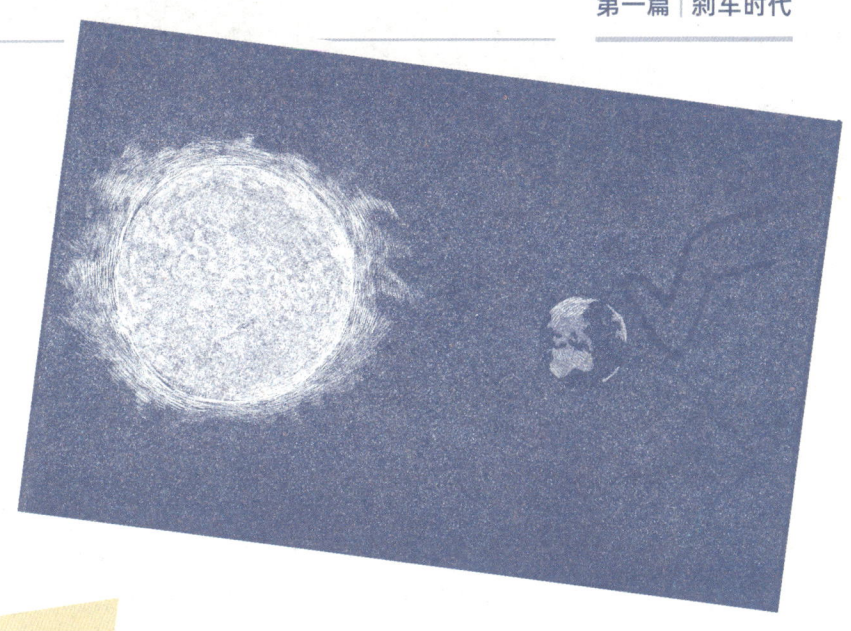

1 当星星、月亮和太阳全部消失

说起末日，你的脑袋里面会出现一幅什么画面？是《圣经》中淹没世界的滔天洪水，熔化大地的九个太阳，还是破土而出的地狱恶魔，从天而降的外星怪兽？

人类作为不能永生的渺小碳基生物，出于对死亡的恐惧，总是忍不住去幻想肉体的一百万种死法，大概是希望在突然切换到死亡游戏模式的时候，能掏出事先准备好的《逃生手册》顺利通关吧。而末世，是全人类的集体死亡，恐怖放大70亿倍。关于末世的想象，更是从人类诞生开始，就源源不断出现在各种各样可以流传下来的东西上：石头、壁画、书本、电影……所以，如果我们试图想象一下末日的情形，很可能已经重复其他人的想法一百遍了。

《流浪地球》却给出了一种从来没有人想到过的末日模式和《逃生手册》——太阳突然发疯，就要变成"红巨人"吞噬地球，全世界最聪明的人类聚在一起想了半天，决定打包地球，逃离太阳。

《流浪地球》的数理化

故事的开始，是一幅奇异的末日世界场景，即使放在小说发表的 20 年后，也极具震撼力：落了三天三夜才落下去的夕阳和由 12000 台"地球发动机"制造出来的永恒的白昼。在这个噩梦般的天空下，太阳、月亮和星星同时消失了。而把地球改造成这样一个巨大的、令人崩溃的倾斜巨殿，只是为了让它停止自转。如果地球是一个轮胎，那么地球发动机对它来说其实并不是"发动机"，反而是"刹车片"，刹车转向，为逃离太阳做准备。

太阳是什么样子的？

太阳为什么会突然发疯呢？首先，我们需要知道太阳是什么样子的。你可能会说，这还用问吗？太阳可是太阳系里面独一无二的超级明星，每天都能在天空巨幕上看到它呢。不过，虽然天天见面，可能你对它的基本资料并没有全部掌握。让我们重新认识一下吧！

太阳的简历

姓名：太阳
性别：根据传统习俗认定为男性
籍贯：银河系猎户臂
民族：恒星
腰围（直径）：139.2 万公里
体温（中心温度）：1500 万摄氏度
自转周期：25.05 天
绕银河系中心公转周期：2.2 亿年～2.5 亿年
年龄：约 46 亿岁
体重：2×10^{30} 公斤
舌温（表面温度）：6000 摄氏度
身体主要成分：氢（71%）氦（27%）

第一篇 | 刹车时代

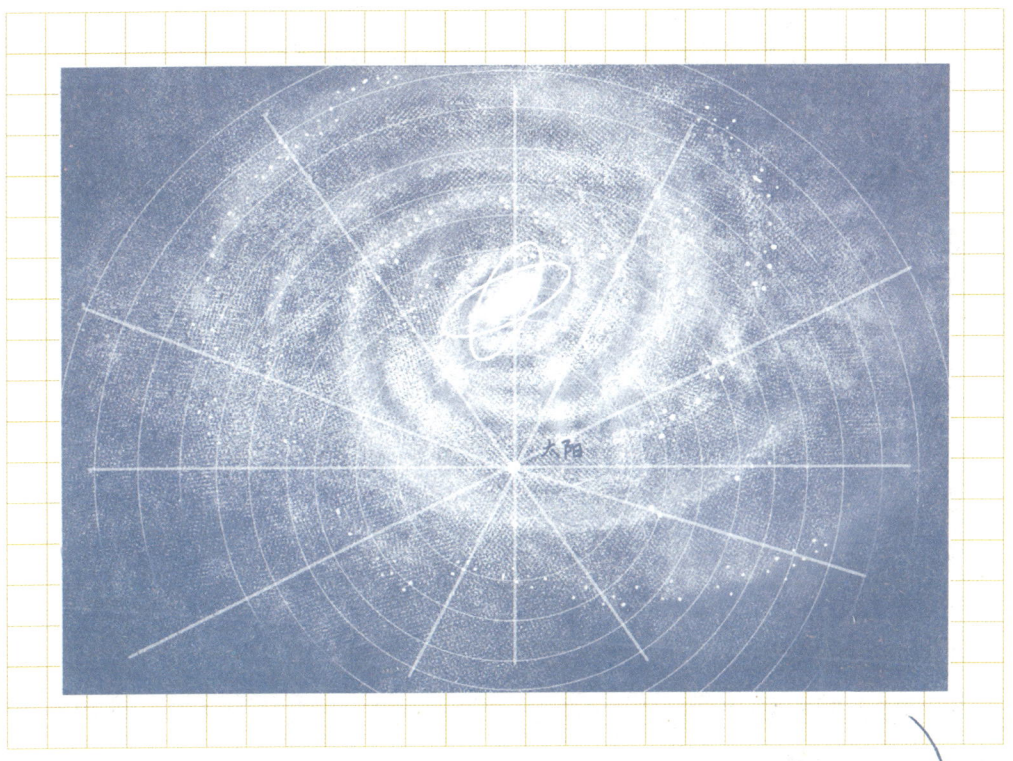

　　看了上面的资料，太阳给你留下的印象是什么？超级大、超级重、超级热、超级老？

　　都对，也不全对。

　　太阳比33万个地球加起来还重，从体积和重量来看，太阳系中除了它，其他所有物质都可以视为不存在。但是在银河系中，太阳只是一千多亿颗普普通通的恒星之中的一颗，安安静静待在一个小小的角落——银河系猎户支臂上。而在整个宇宙中，我们目前可以观测到的，像银河系这样的星系，有1250亿个。银河系也不过是宇宙中最微不足道的一粒尘埃。看看这些数字就知道，我们的超级明星在宇宙中有多么渺小了。

7

《流浪地球》的数理化

虽然已经有46亿岁了，但是太阳并不算老，因为它是一颗恒星，像太阳这样的恒星寿命可以达到100亿岁以上。按照联合国世界卫生组织最新提出的划分标准，它才刚刚进入中年呢。

而关于热这件事呢，地球上核弹爆炸的温度都可以达到5000万摄氏度以上，太阳最热的中心才1500万摄氏度，并不算高。但是太阳可比地球重太多了。在太阳的中心，这些重量就像一层一层的钢板压到身上一样，最弱小的氢元素宝宝们承受着它们不该承受的巨大压力，身体里面唯一的电子不断被压飞出去，只剩孤零零的原子核。

原子核里面的质子带着自己的小伙伴中子，两两聚在一起抱团取暖，就变成有两个质子的氦原子核。这种奇妙的变化每时每刻都在发生，并且已经进行了46亿年。每秒钟，太阳就有6亿吨的氢元素变成5.958亿吨的氦元素。剩下0.042亿吨的物质去哪儿了呢？它们并没有消失，而是转化成了能量，散播到太阳系中，于是就有了光和热。科学家们给原子核宝宝这种燃烧自己照亮别人的行为起了一个名字，叫作"核聚变"。

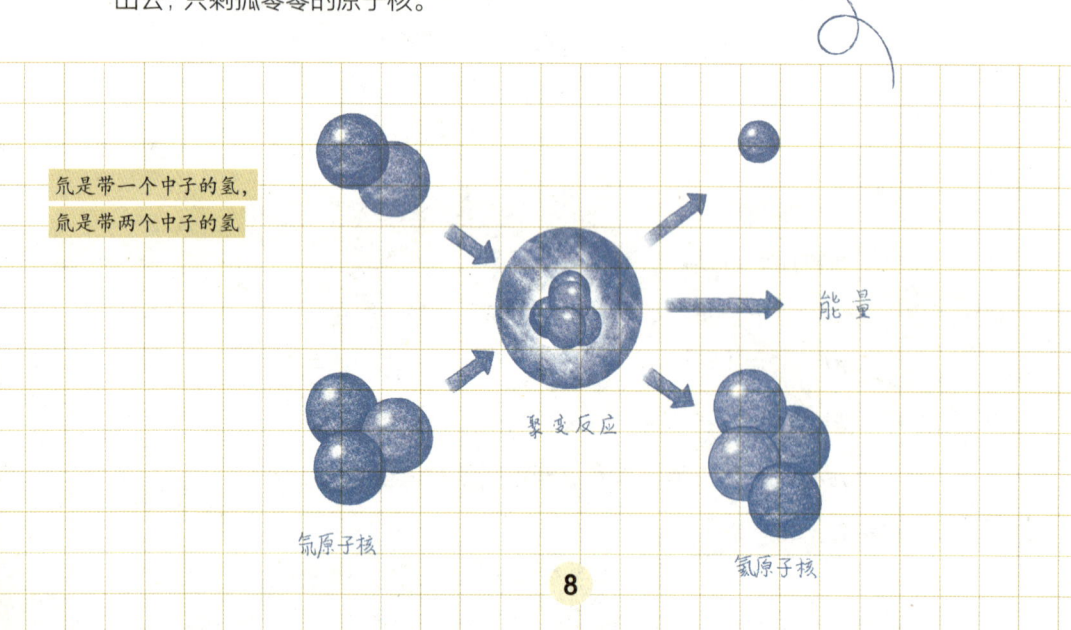

氘是带一个中子的氢，
氚是带两个中子的氢

我们是怎么知道太阳的年龄的？

按照太阳系形成的假说，太阳和太阳系其他天体形成的时间差异在千万年这个量级上。以亿年为单位的话，太阳系中所有的星星，包括恒星、行星、小行星等差不多都是在同一时间诞生的，如果知道地球的年龄，就可以推算出太阳的年龄。

于是，科学家们在地球上挖呀挖，在古老的岩石中找到了一种银白色的金属，叫作铀238。它有一个奇怪的特点：既稳定又不稳定。不稳定是因为就算没有任何人动它，它自己也会慢慢消失，变成另外一种物质（就像氢原子宝宝变成氦一样）。稳定是因为不管外面怎么变化，它总是以不变的速度进行着自己的变形计，每隔大约45.5亿年，它就会杀死一半的自己。

和氢原子不同的是，铀原子并不是聚在一起，而是分裂成了钍234，它的原子核比铀238少两个质子和两个中子。不过钍也是不稳定的，它会在很短的时间内不断释放出自己的质子和中子，最终变成一种稳定的金属——铅。原子核释放质子和中子，不断瘦身的行为，就叫作"核衰变"。

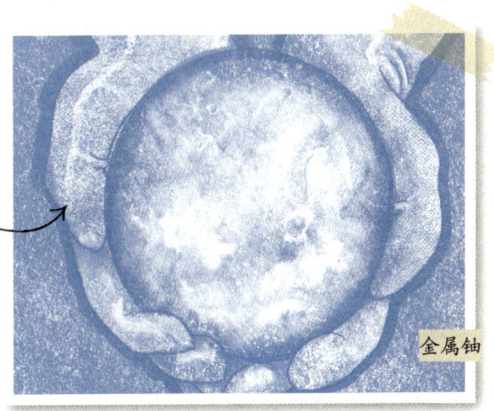

金属铀

《流浪地球》的数理化

所以，如果我们知道地球上现在有多少铅和铀，以及地球刚刚诞生的时候有多少铅，就可以算出地球的年龄。现在的数据很容易测量到，可地球形成之初的数据要怎么得到呢？科学家们发现，有一种特殊的岩石——来自外太空的铁陨石就完美保留了当时的数据。这种主要成分是铁的陨石里面几乎没有铀，但是铅的含量却很高，铀衰变产生的铅几乎可以忽略不计。我们知道，铁陨石来自和地球差不多同时形成的小行星，并且没有像地球那样经历过复杂的地质变迁和化学分离的过程，所以，铁陨石中测到的铅的含量，就可以用来作为地球形成之初的铅含量。科学家通过这种方法，反复计算和对比，测出地球的年龄是约46亿年左右。采用同样的原理对不同种类的石头（碳质球粒陨石）进行测量和计算，科学家们得出太阳的年龄为 45.68 亿年，也就是 46 亿岁左右。

太阳可以制造出来吗？

4

理论上当然可以，上至白发苍苍的科学家，下至三岁的小朋友，都梦想着能有这一天。毕竟，当太阳的力量归为己有，我们需要的所有东西几乎都可以无限免费续杯。人类从 1939 年就开始搞这件事情了，但是，据说每当你问起什么时候才能看到小太阳的成品时，核工程师们的回答永远都是再等 50 年。为什么呢？因为实在是太难了！

10

第一篇 | 刹车时代

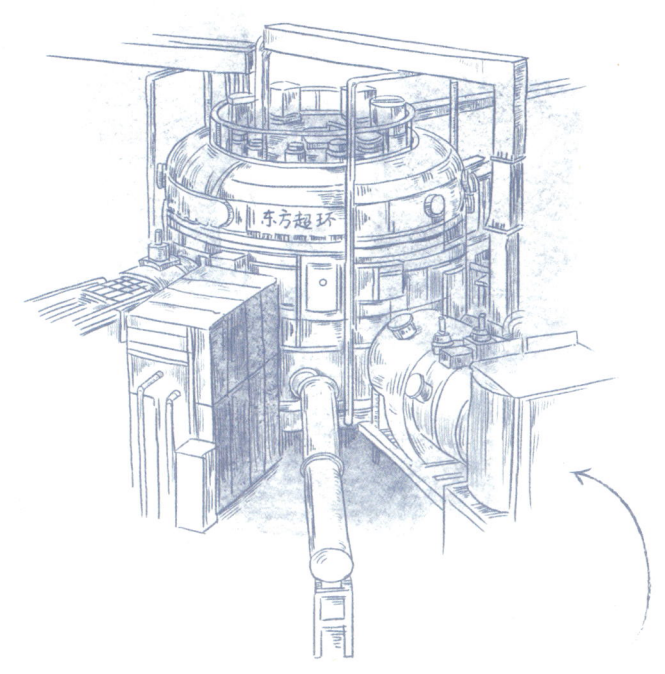

制造太阳最难的两件事，一是需要长时间保持极高的温度，这样才能源源不断进行核聚变并输出能量。人造太阳的质量太小，无法形成足够的压力，所以这个温度必须比太阳的温度还要高很多倍才行；二是必须制造出能够承受这种极端高温的容器，普通物质是不可能的，只有依靠类似强大磁场之类的东西，将熊熊燃烧的超级火焰悬空困住，使之成为一个火球。

好消息是，我国科学家已经创造了一个非常先进的实验装置——"东方超环"，它是世界首个全超导托卡马克装置。2021年5月，科学家们用东方超环制造出了1.6亿摄氏度的高温，并保持了20秒；12月，他们把这个时间延长到了1056秒，再次创造了世界纪录。人类离人造太阳的时代又近了一步。虽然不知道还要多久才能到达终点，但是，中国磁约束核聚变专家委员会的召集人李建刚院士说，中国是最有可能最早到达的国家。

11

《流浪地球》的数理化

做一做

太阳是什么颜色的？

A. 黄色
B. 白色
C. 红色
D. 以上都有

答案：B

你可能做过这个实验：把三棱镜对准一束太阳光，墙上会出现红、橙、黄、绿、青、蓝、紫的七色彩虹。这说明阳光包含了这些颜色。把这些颜色的光混合在一起，看起来就是白色的。所以，太阳实际上发出的光是白色的。在地球上，我们看到早上或者傍晚的太阳是红色的，中午的太阳又偏黄，是因为地球的大气层给太阳开了不同的"美颜滤镜"。

第二章
地球的高峰

上学第一课

在我小学入学时，作为一门课程，老师带我们班的三十个孩子进行了一次环球旅行。这时地球已经完全停转，地球发动机除了维持这颗行星的静止状态外，只进行一些姿态调整，所以从我三岁到六岁的三年中，光柱的光度大为减弱，这使得我们可以在这次旅行中更好地认识我们的世界。

我们首先近距离见到了地球发动机，是在石家庄附近的太行山出口处看到它的，那是一座金属的高山，在我们面前赫然耸立，占据了半个天空，同它相比，西边的太行山脉如同一串小土丘。有的孩子惊叹它如珠峰一样高。我们的班主任小星老师是一位漂亮姑娘，她笑着告诉我们，

这台发动机的高度是11000米，比珠峰还要高2000多米，人们管它叫"上帝的喷灯"。我们站在它巨大的阴影中，感受着它通过大地传来的震动。

地球发动机分为两大类：大一些的叫"山"，小一些的叫"峰"。我们登上了"华北794号山"。登"山"比登"峰"花的时间长，因为"峰"是靠巨型电梯上下的，上"山"则要坐汽车沿盘"山"公路走。我们的汽车混在不见首尾的长长车队中，沿着光滑的钢铁公路向上爬行。我们的左边是青色的金属峭壁，右边是万丈深渊。

车队是由50吨的巨型自卸卡车组成的，车上满载着从太行山上挖下的岩石。汽车很快升到了5000米以上，下面的大地已看不清细节，只能看到地球发动机反射的一片青光。小星老师让我们戴上氧气面罩。随着我们距喷口越来越近，光度和温度都在剧增，面罩的颜色渐渐变深，冷却服中的微型压缩机也大功率地忙碌起来。在6000米处，我们见到了进料口，一车车的大石块倒进那闪着幽幽红光的大洞中，一点声音都没传出来。我问小星老师："地球发动机是如何把岩石做成燃料的？"。

"重元素聚变是一门很深的学问，现在给你们还讲不明白。你们只需要知道,地球发动机是人类建造的力量最大的机器,比如我们所在的华北794号,全功率运行时能向大地产生150亿吨的推力。"

我们的汽车终于登上了山顶,喷口就在我们头顶上。由于光柱的直径太大,我们现在抬头看到的是一堵发着蓝光的等离子体巨墙,这巨墙向上伸延到无限高处。

这时,我突然想起不久前的一堂哲学课,那个憔悴的老师给我们出了一个谜语。

"你在平原上走着走着,突然迎面遇到一堵墙,这墙向上无限高,向下无限深,向左无限远,向右无限远,这墙是什么?"

我打了一个寒战,接着把这个谜语告诉了身边的小星老师。她想了好大一会儿,困惑地摇摇头。我把嘴凑到她耳边,把那个可怕的谜底告诉她:"死亡。"

她默默地看了我几秒钟,突然把我紧紧地抱在怀里。我从她的肩上极目望去,迷蒙的大地上,耸立着一座座金属巨峰,从我们周围一直延伸到地平线。巨峰吐出的光柱,如一片倾斜的宇宙森林,刺破我们摇摇欲坠的天空。

《流浪地球》的数理化

1 末日世界的环球旅行

旅行曾经是让人向往和兴奋的一件事。坐着大大的轮船去无边无际的海面上漂荡，乘着飞机缓缓穿过北极的上空看脚下冰川和海水交替变换，然后一头扎进大洋彼岸哈利·波特的魔法城堡……末日世界让一切成为不可能。后太阳时代孩子们的入学第一课，是参观新的地球第一高峰——"地球发动机"形成的金属高山。要推动地球，它就必须造得比地球上最高的山 珠穆朗玛峰还要高。它的燃料，是随着孩子们一起被运送上山顶的岩石。

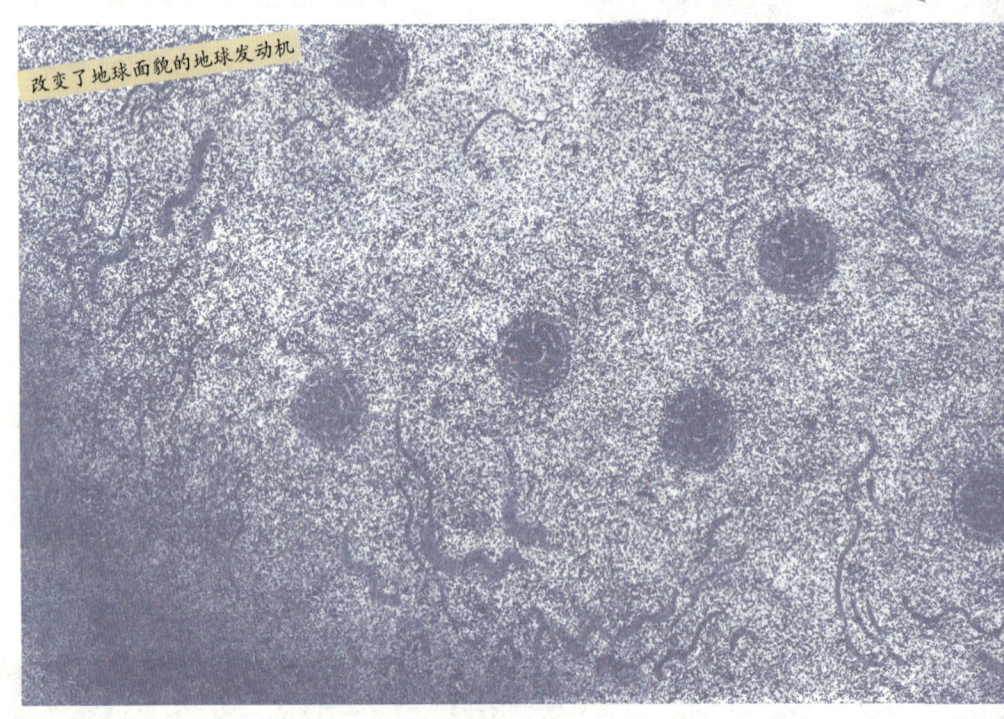

改变了地球面貌的地球发动机

第一篇｜刹车时代

前太阳时代，环游世界的快乐假期是用来感受世界的生机勃勃；后太阳时代，小学生们攀登高山的主题旅行却意外地通向了死亡教育。发着蓝色光芒的等离子巨墙，像是死去世界的巨大墓碑，冰冷地矗立在孩子们面前，挡住了他们投向高山、投向海洋、投向远方的目光。

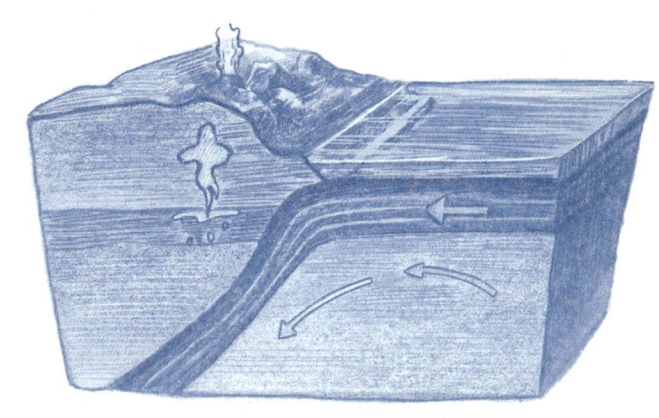

板块挤压示意图

世界第一高的山是怎么长出来的？

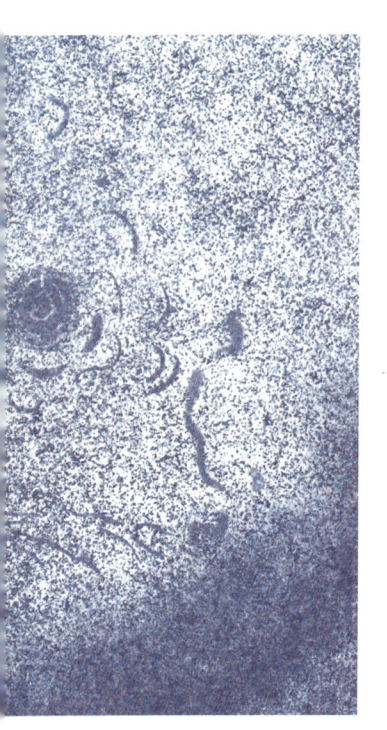

前太阳时代最高的山——珠穆朗玛峰并不是一开始就这么高的。最开始，它甚至只是一片洼地。科学家们在它所处的喜马拉雅山脉中发现了不少古代海洋生物的残骸，所以推测数亿年前，那里曾经是一片"喜马拉雅海"，并且盛产海鲜。大约3800万年前，随着大陆板块的漂移，两个庞然大物——印度大陆和亚洲大陆开始不友好地靠近。在大陆强硬的挤压下，喜马拉雅海水退出，海底渐渐升起。到了800万年前，

19

《流浪地球》的数理化

珠穆朗玛峰：这个小小的突起，就是世界上最高的地方

喜马拉雅山已经抓住了好几次地壳剧烈运动的机会，长到了 3000 米以上。

此后，印度板块持续攻击中国的青藏高原，喜马拉雅山脉吸收着板块挤压和冲撞的能量快速发育，成为绵延 2400 多公里的世界高地，并且孕育出了 10 座 8000 米以上的高峰（这样的高峰全世界也只有 14 座呢）。年轻的珠穆朗玛峰在亿万年的长高比赛中找对了平台，不断超过兄弟姐妹，最终长到了世界第一的高度。

山的高度怎么比？

山的高度是像量身高一样，用一条尺子从山顶拉到山脚来测吗？稍微想一下就知道，这几乎是不可能做到的。我们可以轻松地找到和头顶对应的那一个垂直的点，但是山顶很容易爬上去，山脚却是很大的一片，和山顶对应的点躲在里面看不见摸不着，总不能为了量个身高，把山给掀翻了吧？

那么，山的高度是怎么测量出来的呢？

这项工作其实很早很早以前就开始进行了。当时的人们手上并没有什么高科技工具，但是这并不妨碍他们对小山的探索。中国古代魏晋时期的数学家刘徽就专门写过一本《海岛算经》，来研究不同情形下高度的测量方法。

第一篇｜刹车时代

在古代人们发明的测量方法里面，比较常见的一种是一个成语——"立竿见影"。顾名思义，要使出"立竿见影"大法，首先，你需要一根竿子。就地取材，竹竿就挺好使。然后，你需要有一个光源来制造影子，太阳是最方便环保的选择。一个夕阳斜照的傍晚，你来到山边，掏出尺子测量出山脚到山顶影子的距离。另一个小伙伴在地上把竹竿竖起来，保持与地面垂直，测出竹竿影子的长度。同一时间，太阳斜射到地面的角度是不变的，所以不管山和竹竿有多高，它们的影子和它们自己高度的比例都是一个固定不变的数字。这样就可以估算出山的高度(D) = 竹竿长度(A) ÷ 竹竿影子长度(B) × 山的影子长度(C)。

《海岛算经》测量图

"立竿见影大法"示意图

21

《流浪地球》的数理化

但是呢，这种方法有一个问题，就是山的影子只能测到在地面投影的那一部分，山体里面的影子长度（也就是从山脚到山中心的距离）是需要事先去测量和估算的，所以测出的高度并不准确。而且，这样只能测量一下小山小岛，太高的山就很难操作了。想要靠这种方法去比出世界第一高山是行不通的。

另外还有一个问题，当我们说"高"的时候，我们到底指的是什么呢？是山顶到山脚的垂直距离吗？按理说应该是的，但是我们现在知道，地球是一个圆圆的球体，地球的表面也并不是平坦的。在地球仪上，哪怕只截取小小一块大陆，上面都有可能有高原也有盆地。高原上一座小山的山顶，可能会比盆地的一座高山更高。所以，测量一座山从山顶到山脚的相对高度，其实对知道它到底有多"高"并没有什么帮助，也没法给全世界的山进行排名。

所以，现在我们所说的山的"高度"，都是相对于地球海平面的高度。为什么是海平面呢？因为相对陆地来说，海面更低、更平，更适合作为全球或者某个区域的统一标准。这个相对于海平面的高度，就是"海拔高度"。有了"海拔"的概念，我们就能得到一个更加清晰的地球全景图了。

实际海面

海平面

海平面也是一个假想的平面，它的高度取值为一定时间内海水的平均高度现在，测量地球的专业人士——测绘工作者们要测量山的高度就更简单了。他们拥有了更加专业的测量工具，相比古人用的尺子，这些工具更像是被魔法加持的"飞尺"。"飞尺"其实是各种各样的测距仪，它们共同的原理是：在需要测量的地方确定一个点，然后向它开炮！哦不，是发射一束光或者波，比如激光、红外光，或者超声波等。这些波在空气中的传播速度是我们已经解锁的知识点，所以记录下波发射和反射回来的时间，乘以波的速度再除以2，就得到了想要测量的距离。

有了这个距离，"立竿见影大法"中，就再也不用顶着大太阳辛苦地测量和估算山的影子长度了，同时也节省了很多竹竿。同样的，还可以使用三角原理，用测距仪轻松获得直角三角形中最长的那个斜边的长度，而发射出去的波和地面之间的角度是可以控制的，我们可以把这个角度叫作α。有了这两个数据，根据三角形边长的计算公式，就可以算出山的高度＝斜边长度 × sin α，而且计算的结果会准确得多。如果还没有学过三角形的计算公式，也可以继续使用竹竿，进行等比例实测。

你可能会说，这样算出来的仍然是一个相对的高度啊！是的，但是比起古代，我们已经可以跑得更快、更远，和更多人一起合作。于是，就可以从海平面开始，向着高山的方向进发，一小段一小段地连续测量，最终得到一座山的海拔高度。有了海拔高度，就可以比较山的身高啦。测量过程中获得的数据也可以保存起来，

海拔高度的测量方法

你知道珠穆朗玛峰的具体身高吗？

下次测量其他山的时候还能再用上，就不用再从海边开始测量了。

当然，实际的操作过程，会比上面所说的复杂得多，用到的工具、方法也会多得多，需要专业的学习和大量的实践。

历史上，包括中国、英国、美国、尼泊尔在内的不少国家都曾经用各种方法测量过珠穆朗玛峰的身高，得到过8783米、8840米、8850米等不同的数据。由于年代久远、方法比较落后，测量的结果不够精确，小数点后面的数字我们就省略了。

现在，珠穆朗玛峰最新的官宣身高是8848.86米。这个数字是在2020年12月，由它的法定监护人，也就是珠穆朗玛峰的所属国——中国和尼泊尔一起测量、计算并宣布的。在长达7个月的时间里，上百名科研工作者组成的团队登上珠峰的最顶端，收集了顶峰和周围100多万平方公里范围内1.44亿条最新的地形数据，经过反复测量，用计算机进行海量的计算、处理和校准，才得出了最终的数值。

在这个浩大的工程中，还首次用到了北斗卫星定位、航空重力测量、卫星遥感、实景三维建模等很多最新的技术，从海、陆、空、天全方位保障测量的精确度。

那么，8848.86米就是珠峰最新最准确的身高了吗？很可能并不是，因为它的身高一直都在变化之中。根据最

第一篇｜刹车时代

近几十年的观测，平均每年珠峰都会悄悄长高几毫米，但是有的时候，一次剧烈的地震也可能让它下沉1厘米~2厘米。所以，8848.86米这个世界最高的纪录会不会被打破，要等到科学家们的下一次探险才能揭晓。

珠峰交会测量示意图

国家测绘队队员正在开展珠峰区域天文测量工作

交会测量组队员从不同的方向开展交会测量

《流浪地球》的数理化

第三章
旅行的挑战

原文摘录

环球游学第二站

我们很快到达了海边，看到城市摩天大楼的尖顶伸出海面，退潮时白花花的海水从大楼无数的窗子中流出，形成一道道瀑布……刹车时代刚刚结束，其对地球的影响已触目惊心：地球发动机加速造成的潮汐吞没了北半球三分之二的大城市，发动机带来的全球高温融化了极地冰川，更给这大洪水推波助澜，波及南半球。爷爷在三十年前目睹了百米高的巨浪吞没上海的情景，他现在讲这事的时候眼还直勾勾的。事实上，我们的星球还没起程就已面目全非了，谁知道在以后漫长的外太空流浪中，还有多少苦难在等着我们呢？

我们乘上一种叫"船"的古老交通工具在海面上航行。地球发动机的光柱在后面越来越远，一天以后就完全看不见了。这时，大海处在两片霞光之间，一片是西面地球发动机的光柱产生的青蓝色霞光，一片是东方海平面下的太阳产生的粉红色霞光，它们在海面上的反射使大海也分成了闪耀着两色光芒的两部分，我们的船就行驶在这两部分的分界处，这景色真是奇妙。但随着青蓝色霞光的渐渐减弱和粉红色霞光的渐渐增强，一种不安的气氛在船上弥漫开来。甲板上见不到孩子们了，他们都躲在船舱里不出来，舷窗的帘子也被紧紧拉上。一天后，我们最害怕的那一时刻终于到来了，我们集合在那间用来做教室的大

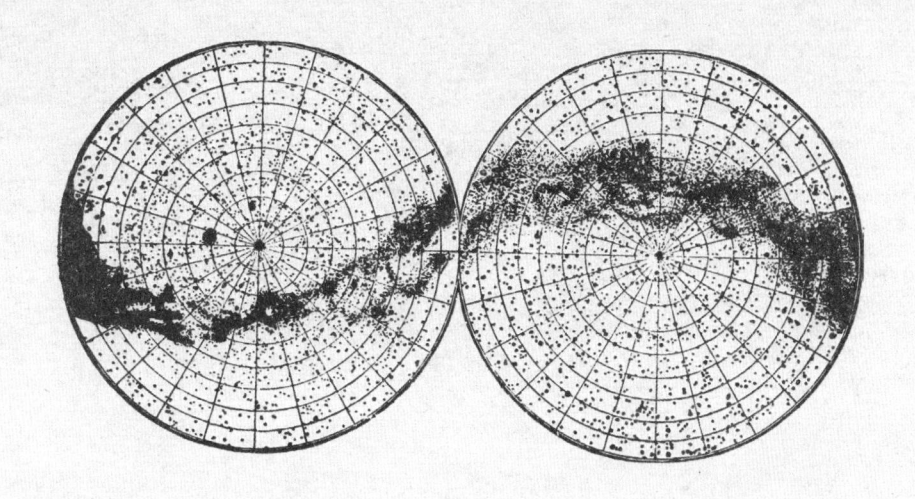

舱中，小星老师庄严地宣布："孩子们，我们要去看日出了。"

没有人动。我们目光呆滞，像突然冻住一样僵在那儿。小星老师又催了几次，还是没人动。她的一位男同事说："我早就提过，环球体验课应该放在近代史课前面，学生在心理上就比较容易适应了。"

"那没什么用的，在近代史课前，他们早就从社会上知道一切了。"小星老师说，她接着对几位班干部说："你们先走，孩子们，不要怕，我小时候第一次看日出也很紧张的，但看过一次就好了。"

孩子们终于一个个站了起来，朝着舱门挪动脚步。这时，我感到一只湿湿的小手抓住了我的手，回头一看，是灵儿。

"我怕……"她嘤嘤地说。

"我们在电视上也看到过太阳，反正都一样的。"我安慰她说。

"怎么会一样呢，你在电视上看蛇和看真蛇一样吗？"

"……反正我们得上去，要不这门课会扣分的！"

我和灵儿紧紧拉着手，和其他孩子一起战战兢兢地朝甲板走去，去面对我们人生中的第一次日出。

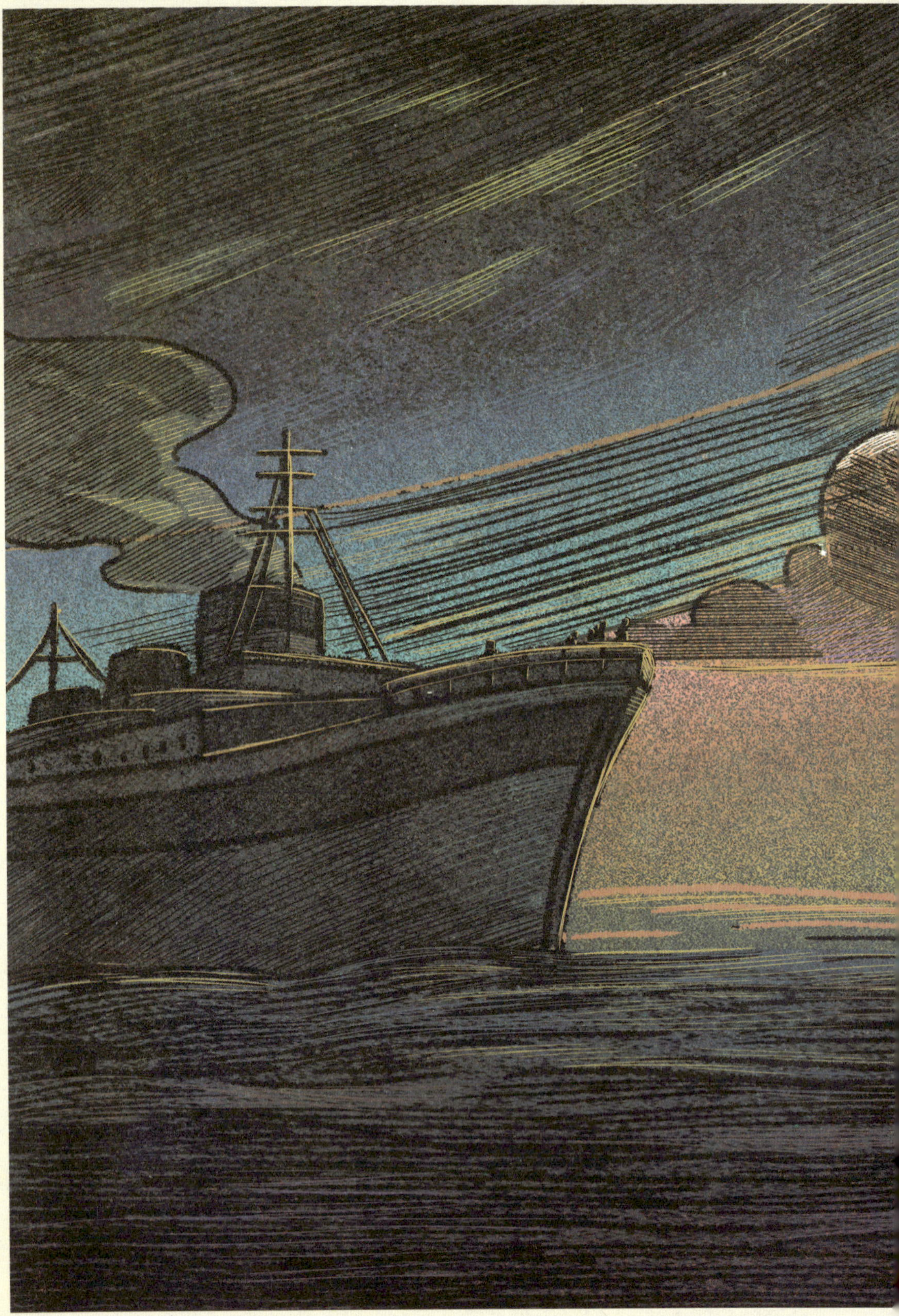

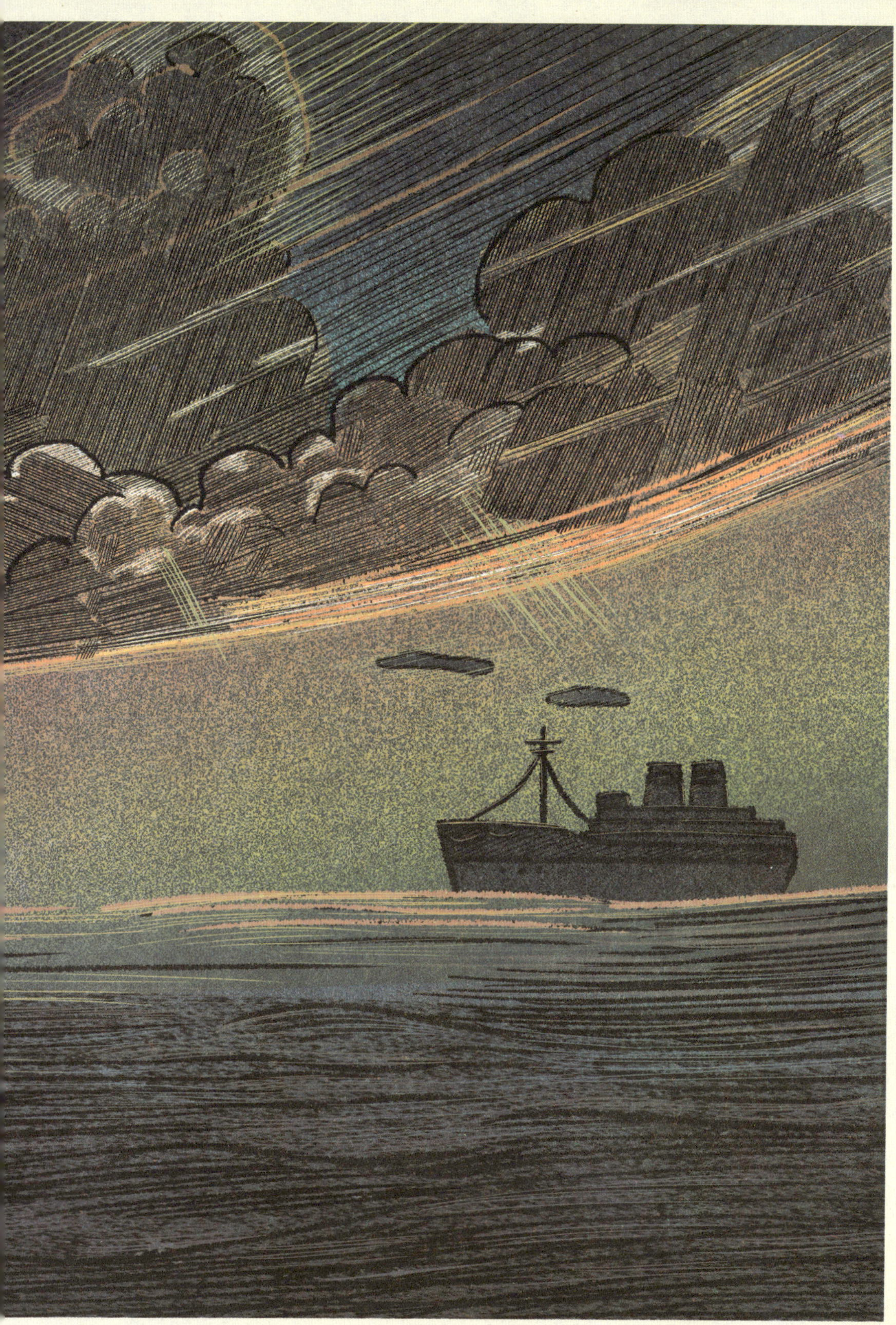

《流浪地球》的数理化

"其实，人类把太阳同恐惧连在一起也只是这三四个世纪的事。这之前，人类是不怕太阳的，相反，太阳在他们眼中是庄严和壮美的。那时，地球还在转动，人们每天都能看到日出和日落。他们对着初升的太阳欢呼，赞颂落日的美丽。"小星老师站在船头对我们说。海风吹动着她的长发，在她身后，海天连接处射出几道光芒，好像海面下的一头大得无法想象的怪兽喷出的鼻息。

终于，我们看到了那令人胆寒的火焰，开始时，只是天水连线上的一个亮点，但很快增大，渐渐显示出了圆弧的形状。这时，我感到自己的喉咙被什么东西掐住了，恐惧使我窒息，脚下的甲板仿佛突然消失，我在向海的深渊坠下去，坠下去……和我一起下坠的还有灵儿，她那蛛丝般柔弱的小身躯紧贴着我颤抖不已。还有其他孩子，其他所有人，整个世界，都在下坠。这时，我又想起了那个谜语，我曾问哲学老师，那堵墙是什么颜色的，他说应该是黑色的。我觉得不对，我想象中的死亡之墙应该是雪亮的，这就是为什么那道等离子体墙让我想起了死亡。这个时代，死亡不再是黑色的，它是闪电的颜色，当那最后的闪电到来时，世界将在瞬间变成蒸气。

第一篇｜刹车时代

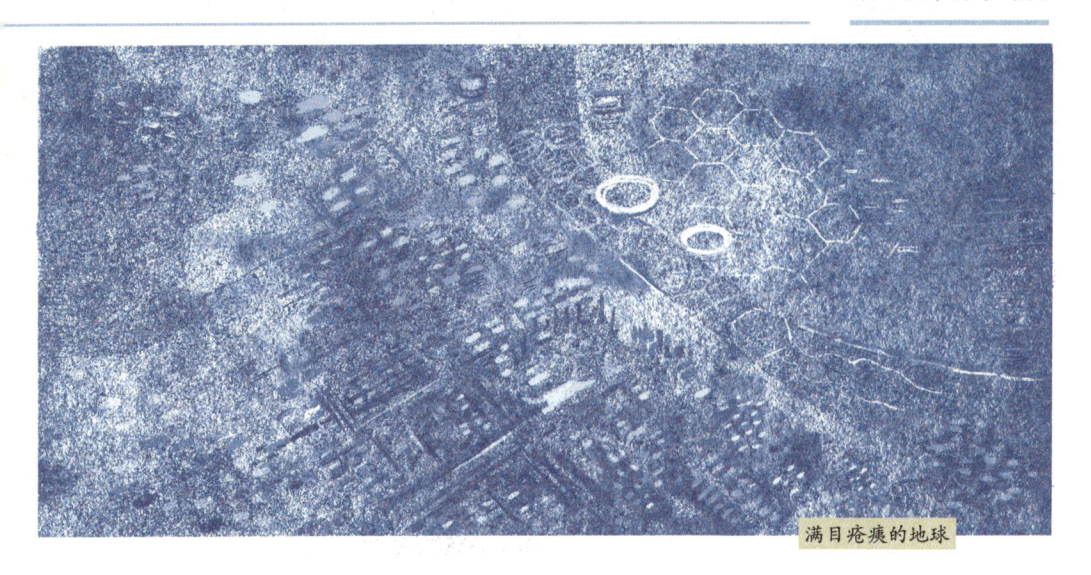

满目疮痍的地球

1 从赞美太阳到惧怕太阳

　　孩子们环球游学的第二站是去海上看日出。这个时候，地球已经完成了刹车动作，在发动机的推力下停止了自转。沿海城市已经被全球性的洪水淹没，世界满目疮痍。

　　和上一段一样，小说在这里仍然给出了和读者日常经验完全相悖的巨大反差。自古以来，太阳都是美好的存在。但是，出生于刹车时代末期，习惯了各种人造光源，从来没有在天空中看到过"太阳"这种东西的孩子，会本能地把未知的事物视为天然的威胁。何况，孩子们也早就从社会上知道了太阳就是那个人类不惜刹停地球、颠覆山海，甚至毁灭世界也要逃离的东西。

《流浪地球》的数理化

2 如果地球停止了自转，会发生什么？

首先，看日出可能不再是免费的了。如果地球停止了自转，但是没有停止公转，那么地球上的一天将会从现在的 24 小时拉长到整整一年；如果地球停止自转的同时也停止了公转，那么地球上面对太阳的一面将是永恒的白天，另一面则是永恒的黑夜。不管哪种情况，如果想要去看我们现在每天都能看到的日出，就得像小说里写的那样，坐船去海上，或者坐飞机飞到天上，然后一直开到地球的晨昏线附近，利用船或者飞机的速度来制造"日出"的景象。

如果地球没有任何预兆地突然停止自转，那么即使付费也看不了日出，因为地球将会瞬间遭遇毁灭性的打击，可能连看日出的人也不复存在了。

男子速度：1670 公里 / 小时

首当其冲的是一场严重的行星车祸。轻轻拨一下地球仪就能看到，越靠近赤道的地方转得越快，在同样的时间内划出的弧线更长，而南极和北极的中心就几乎不怎么动。地球赤道长度有 40076 公里，用这个数字除以地球自转一圈所需要的时间（24 小时），你会发现，赤道转圈儿的速度约高达每小时 1670 公里。地球上其他位置的速度也不低，就算在比较靠近两极的地方，仍然可以跑得和民航飞机的速度一样快。

地球突然停止自转，就像高速公路上超速飙车的汽车撞上一堵突然凭空出现的墙一样，哪怕车和墙的材质都无比坚硬，没有毁坏变形，车里的人和东西也会保持之前的速度继续向前飞奔，撞上车体。物理学上把物体这种保持当前运动状态的习惯叫作"惯性"，当地球紧急刹车，地球上的人、车，甚至房子，因为惯性的作用不会一起刹车，它们会以之前的速度继续往前冲，当它们停下来的时候，在这场行星级别的车祸现场，所有的一切就都面目全非了。

同样刹不住车的还有流动的海洋和大气层，当它们继续转动，将带来地球上从未有过的全球性大海啸和超级无敌大飓风。失去了地球转动产生的离心力，海水会从赤道流向两极，把南极和北极的海平面抬高几百米，把赤道附近的海洋变成陆地……不过，这个时候，可能已经没什么人在意了。

《流浪地球》的数理化

当一切重新平静下来之后，地球还有重启的可能吗？

应该很难。

无论是否还在围绕太阳旋转，地球都将一半是漫长的白天，一半是漫长的黑夜。根据估算，在短短 6 个月内，黑暗那一半的温度会降低 60 摄氏度以上，而长时间被阳光炙烤的那一半，气温会达到 100 摄氏度以上，地表的水都会被蒸发掉。在自然环境中，大多数的生物是没办法在这样的温度下生存的。同时，没有阳光照射的那一面，植物将会停止光合作用，不再向大气层中释放氧气；另一边的植物则可能差不多已经被烤熟了。没有了绿植，地球的大气层将失去最重要的氧气补给来源，整个生态系统将面临灭顶之灾。所以，不管是正对太阳还是背对太阳，对于生态和文明的重启都是百分之百的地狱模式。

不过，如果地球的自转不是瞬间停止，而是像小说里那样，用长达几个世纪的时间，一点一点停下来的，那么情况就要好得多。

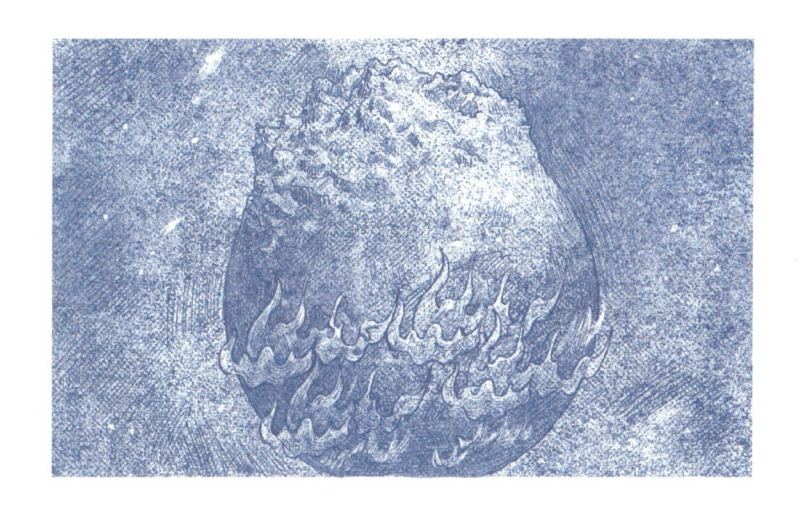

首先，地球生命和人类文明的头号杀手——惯性的力量消失了，人们不用再害怕"飞屋环游记"；其次，有了几百年的缓冲时间，人类就可以制定并实施应对极端气候和环境的方案，比如把家搬到厚厚岩石覆盖的地下，或者用"人造太阳"培育植物、养殖动物等。

3 地球正在变得越来越热吗？

你有没有感觉夏天越来越热了？近年来，科威特出现了70摄氏度的破纪录温度，长期冰雪覆盖的南北两极都测到了30摄氏度的高温，覆盖在北冰洋上的海冰不断减少，融化的冻土让海平面升高，一些岛屿被淹没，包括北极熊在内的许多动物开始失去它们的家园。"测量以来的最高温度"几乎每一年都在被刷新。但是根据新

《流浪地球》的数理化

闻里专家的预测，现在居然还是未来十年里最凉快的时候。

从数据来看，地球的确是越来越热了。仅仅是最近的十年，地球的平均气温足足升高了0.39摄氏度，而高纬度地区的情况则是2-3倍左右。如果持续发展下去，可以预见以后的每一个夏天都将会变得越来越难过。是什么导致了气温的持续升高呢？

气候的变化跟很多因素有关，比如太阳辐射的变化、地球内部的活动、大规模火山爆发。但是太阳和地球的变化非常缓慢，而目前地球上最厉害的火山爆发对温度的影响也只有一两年的时间。地球明显变热是最近一百年才发生的事情。最近一百年和以前有什么不同吗？研究发现，最明显的变化是人类的活动，尤其是工业活动大大增加了。

专门研究气候问题的机构——联合国政府间气候变化专门委员会（IPCC）发布的第六次评估报告告诉我们，人类活动对气候的影响主要有两种：一种是向大气中排放气溶胶颗粒，比如工业废气制造的雾霾等；一种是燃烧产生二氧化碳等温室气体。气溶胶颗粒可以把太阳光反射出去，帮助大气层散热；而温室气体会吸收阳光的能量，就像蔬菜大棚盖的塑料薄膜一样，可以为地球保温，这种现象就叫作"温室效应"。

"温室效应"是怎么发生的呢？实际上，所有的物体包括我们自己都会向外发射电磁波，温度越高，发出的电磁波就越短。太阳的温度很高，发出的主要是短波。地球的温度比较低，发出的是长波。太阳的短波可以长驱直入直达地球表面，让地面变得温暖，而地面辐射出去的红外线却和短波不同，它们很难穿透大气层把热量散发出去，因为大气中的二氧化碳等温室气体会吸收它们，然后以更长的长波再次辐射回地表，让地球变得更热。

一百多年来，人类的活动越来越多，活动范围也越来越广，从居于地球一隅到翻山越海、上天入地……为了给这些活动提供能量，人类发明了各种各样高效的方式来燃烧煤炭、石油等，使越来越多的温室气体被排放到大气中。同时，随着技术的进步，气溶胶等污染物的排放越来越少，大气层内被困住的能量越来越多，地球这口焖锅就越烧越热了。

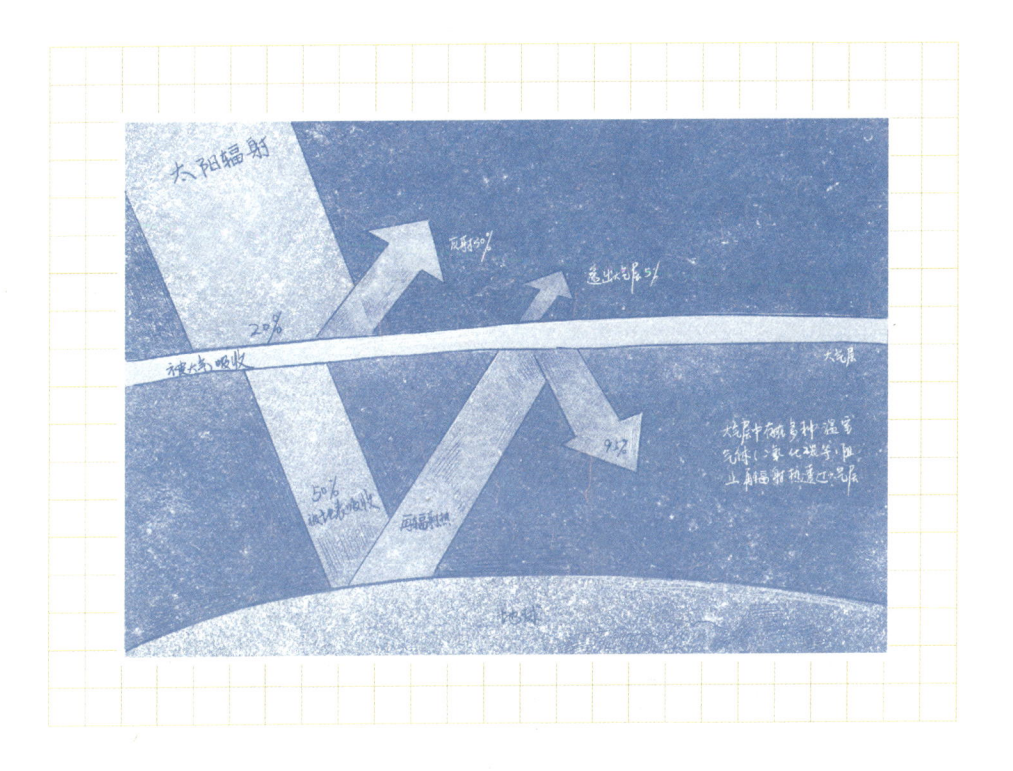

著名的物理学家霍金甚至预言，如果人类再不控制温室气体的排放，地球将会变得像金星那样，表面温度超过 100 摄氏度。到了那时，海洋都将被蒸发掉，生命将无法在地表生存。

《流浪地球》的数理化

但是，对于地球来说，这样的温度变化只是一瞬间的事，它甚至可能都感觉不到。在千万年，甚至上亿年的尺度上，地球自己多半是觉得越来越冷的。

前面我们说过，地球已经有约46亿岁了。在这么长的时间里，它的温度并不是一成不变的。在刚刚出生的时候，它是一颗炙热的岩浆星球，然后渐渐冷却下来，又经历了上千万年的大雨，还曾经变成过一个大冰球……科学家们向各个时期的岩石发问，得到的答案是：地球温度的变化是周期性的，一个周期常常是以亿年为单位。在85%的时间里，地球处于温暖期，剩下15%的时间，就是温度较低的"大冰期"。在大约6亿年前的前寒武纪大冰期，地球的平均温度就降到很低，导致生物大量灭绝。

不过，大冰期也分为"冰期"和"间冰期"，它们也是交替变化的。间冰期相对温暖，把冰期间隔开来，可以给生命一些喘息的时间。我们现在就处于间冰期，科学家们预测，9万年以后地球即将进入冰期。所以，地球很快就会变得更冷。到了那个时候，如果人类还存在的话，温室气体大概会变成寒冬里的棉被一样美好的东西了吧。

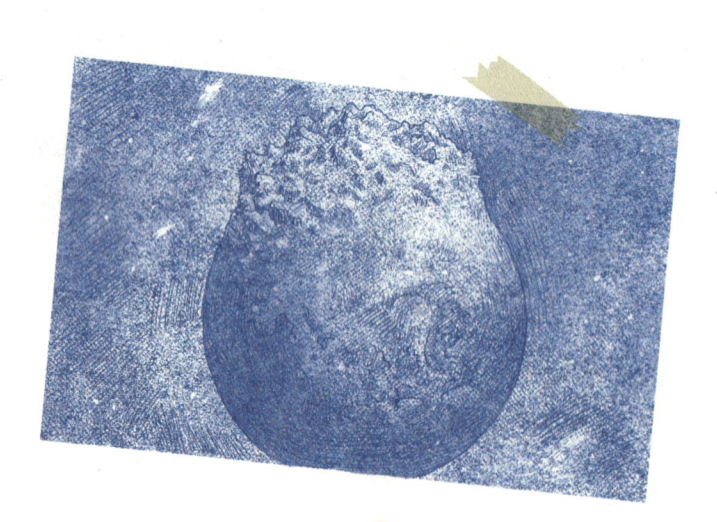

做一做

下面哪些气体是温室气体或者包含温室气体？

A. 水汽
B. 臭氧
C. 尾气
D. 沼气

答案：ABCD

水汽（水蒸气）、臭氧都是温室气体。燃油汽车的尾气中含有二氧化碳，沼气中含有甲烷、二氧化碳等，都是很强的温室气体。

《流浪地球》的数理化

第四章
可怕的太阳

原文摘录

太阳要爆炸了!

三个多世纪前,天体物理学家们就发现太阳内部氢转化为氦的速度突然加快,于是他们发射了上万个探测器穿过太阳,最终建立了这颗恒星完整精确的数学模型。

巨型计算机对这个模型计算的结果表明,太阳的演化已向主星序外偏移,氦元素的聚变将在很短的时间内传遍整个太阳内部,由此产生一次叫"氦闪"的剧烈爆炸,之后太阳将变为一颗巨大但暗淡的红巨星,它膨胀到如此之大,地球将在太阳内部运行!

事实上,在这之前的氦闪爆发中,我们的星球已被气化了。

这一切将在四百年内发生,现在已过了三百八十年。

太阳的灾变将炸毁和吞没太阳系所有适合人类居住的类地行星,并使所有类木行星完全改变形态和轨道。自第一次氦闪后,随着重元素在太阳中心的反复聚集,太阳氦闪将在一段时间内反复发

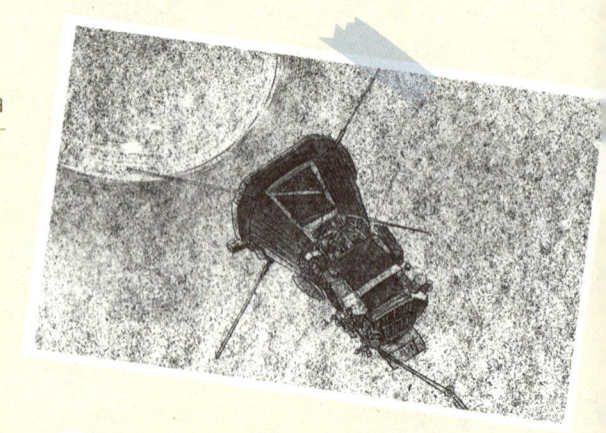

第一篇｜刹车时代

1 比"绿巨人"更可怕的"红巨人"

生，这"一段时间"是相对于恒星演化来说的，其长度实际上可能相当于上千个人类历史。所以，人类在以后的太阳系中已无法生存下去，唯一的生路是向外太空恒星际移民，而照人类目前的技术力量，全人类移民唯一可行的目标是半人马座比邻星，这是距我们最近的恒星，有4.3光年的路程。以上看法人们已达成共识，争论的焦点在移民方式上。

为了加强教学效果，我们的船在太平洋上折返了两次，又给我们制造了两次日出。现在我们已完全适应了，也相信了南半球那些每天面对太阳的孩子确实能活下去。

以后我们就在太阳下航行了，太阳在空中越升越高，凉爽下来的天气又热了起来。我正在自己的舱里昏昏欲睡，忽然听到外面有骚乱的人声。灵儿推开门探进头来。

刹车时代快要结束的时候，地球流浪的谜底揭晓了。原来，人类派出的侦察兵——太阳探测器发现了重大敌情，太阳突然脱离了它演化的既定轨道，这让地球受到了致命的威胁。本来按照恒星演化的规律，46亿岁的太阳还要再过几十亿年才会慢慢走向衰老，但是不知道为什么，太阳内部突然爆发了大规模氦闪，就像点燃了一个巨型推进器一样，大大加速了太阳衰老的过程。在衰老的过程中，太阳会不断膨胀，变成"红巨人"。而当"变老"这件事被按下了快进键，本来就不舒服的更年期太阳会更加暴躁，更加膨胀，直到吃掉地球，毁灭整个太阳系。地球上的人类别无他法，只能选择放弃家园，长途跋涉，移民比邻星。

《流浪地球》的数理化

为什么太阳会毁掉自己的星系？

其实，太阳也并不愿意。就像所有的生命一样，恒星无法选择自己的出生，也无法决定自己的死亡。

46亿年以前，太阳所在的位置没有光，也没有热。那里飘着一团巨大的、黑暗的云朵，我们叫它"星际尘云"。构成星际尘云的尘埃和云团是一些很轻的物质，绝大多数是我们熟悉的氢元素。它们的温度也非常低，在零下200摄氏度左右。这些星际尘云已经安安静静地在宇宙中飘荡了几十亿年，如果没有被打扰，它们还将继续飘荡下去。

但是宇宙并不是安静的，只要待得够久，就会有事发生。终于有一天，可能是因为附近一颗超新星爆发的冲击，也可能是再也抵抗不了自身的重力，这片静默冰冷的云团开始渐渐旋转、收缩起来，温度也逐渐升高。大约一亿年后，一个碟子一样的云盘慢慢出现了。

这里是一团星际尘云，不过你看不见它

第一篇｜刹车时代

在重力的作用下，云盘中心聚集的氢越来越多，温度越来越高，密度也越来越大。最后，云盘的内核承受不了巨大的引力开始向内坍缩，氢原子核挤在一起变成氦元素，于是，我们熟悉的氢核聚变被点燃了。一个崭新的太阳，我们的太阳，就在核聚变的熊熊火焰中诞生了。

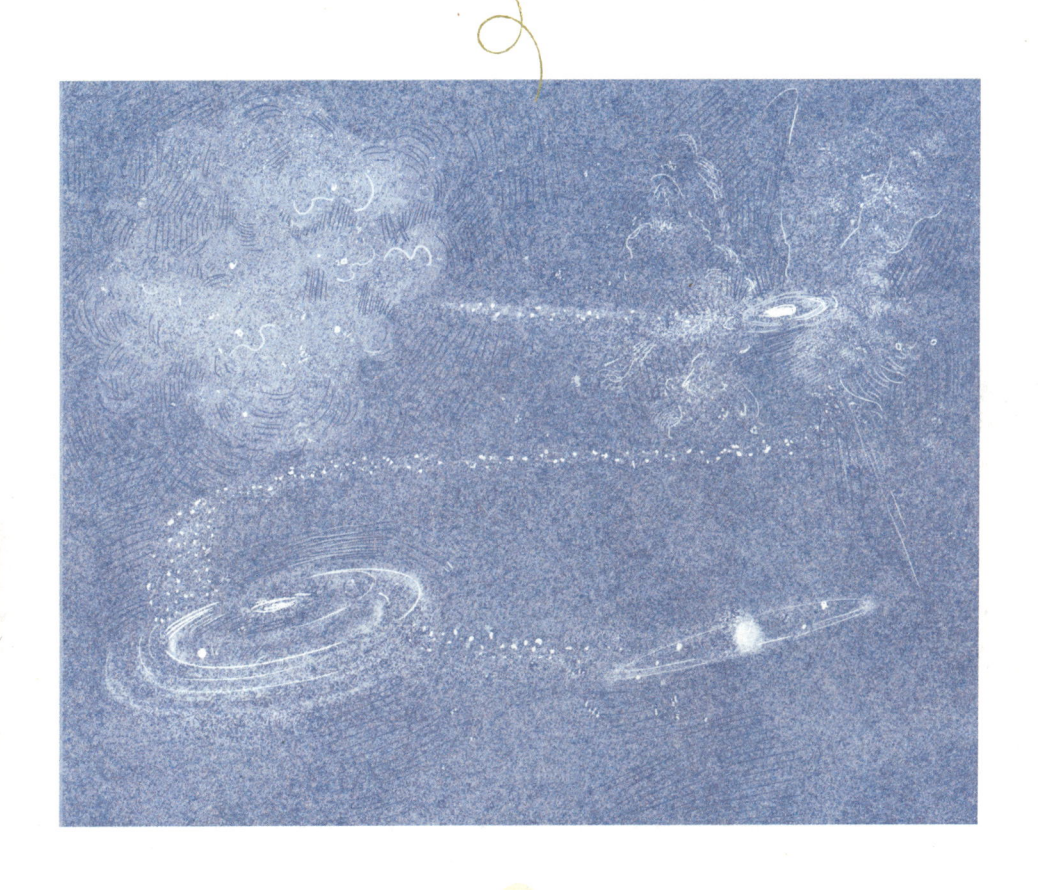

《流浪地球》的数理化

虽然是一颗全新的星球，但是我们这个太阳已经是宇宙超级工厂生产出来的第三代恒星产品了，地球只是恒星产品众多配件之中的一个。在宇宙工厂开工的138亿年里，已经有无数颗恒星被制造出来，然后使用、回收、销毁。现在，我们已经可以用天文望远镜观测到百亿光年之外的星星发出的光芒。不同的阶段、不同的物质发出的光芒是不一样的，所以，恒星生命周期的全过程已经被人类尽收眼底。于是，在银河系边缘一颗尘埃上刚刚诞生的渺小文明也得以一窥恒星的秘密。

上百亿年间，宇宙都生产了哪些恒星呢？

按照大小来分的话，有矮星和巨星。如果从小到大排列，矮星家族站在最前面的是黑矮星，然后是白矮星、棕矮星、红矮星和黄矮星。巨星家族包括红巨星、蓝巨星和红超巨星。蓝巨星是新生的大质量恒星，红巨星是快要死亡的恒星。棕矮星只能发出非常微弱的红光，棕矮星或者白矮星死亡之后，就会变成黑矮星，不再发出任何光和热。目前

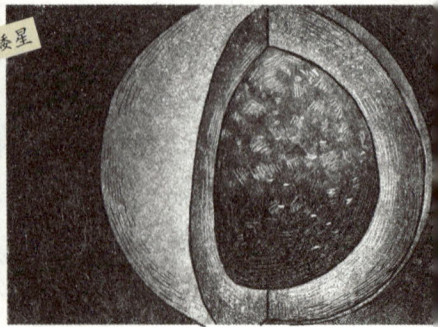

最大的恒星——史蒂文森2-18

太阳

白矮星

我们发现的体积最大的恒星叫作"史蒂文森 2-18"，它的直径是太阳的 2150 倍，比太阳到地球的距离还长 20 倍，它的肚子里可以装下 100 亿个太阳，或者 1.3 亿亿个地球。

按照生长的不同阶段来分的话，恒星可以分为原恒星、主序星、红巨星或红超巨星。原恒星是初生的恒星，主序星是青年期和壮年期可以稳定工作的恒星。红巨星和红超巨星则是进入老年阶段的恒星。一般来说，恒星生命中有 90% 的时间都处于主序期。也就是说，恒星一生中的绝大多数时光都充满活力、朝气蓬勃。如果和人类相比的话，恒星的青春期可长多了。

按照密度从大到小来分，恒星还可以分为黑洞、中子星、白矮星、主序星、红巨星……黑洞中心的密度可以接近无限大，而红巨星虽然巨大，密度却非常低。比如史蒂文森 2-18，虽然它的体积是太阳的 100 亿倍，质量却只有太阳的 18 倍左右。

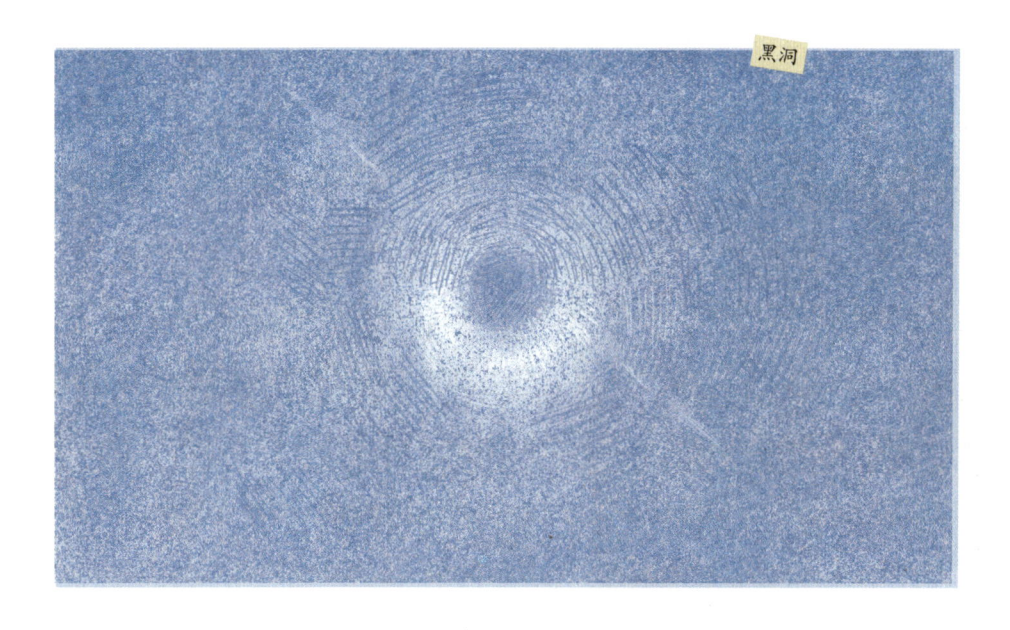

黑洞

此外，宇宙中的恒星常常不是单独存在的，一个恒星系中包含两颗恒星是最普遍的情况。按照恒星系中恒星的数量，我们还可以把恒星分为单星、双星和三合星等。

不过，归根结底，我们认识恒星依靠的还是它发出的不同颜色的光。所以，光才是恒星唯一的产品编号。20世纪初，哈佛大学天文台对接收到的50万颗恒星的光进行了研究和分类。根据颜色的不同，他们把恒星分为7类，用字母标注。

哈佛分类法中恒星的分类、表面温度和颜色		
光谱型	恒星表面温度 / 开	颜色
O	40,000–25,000	蓝色
B	25,000–12,000	蓝白色
A	12,000–7,600	白色
F	7,600–6,000	黄白色
G	6,000–5,000	黄色
K	5,000–3,600	橙色
M	3,600–2,600	红色

恒星的光谱类型

需要稍微解释一下的是，表中温度的单位是开尔文，简称"开"或"K"。用摄氏温度加上273.15，就得到了开尔文的温度值。为什么我们有了摄氏温度，还要用一个奇奇怪怪的开尔文呢？摄氏温度主要在地球上用，所以用的是地球上比较常见的物质——水的冰点温度作为基准；而开尔

太阳的生命周期

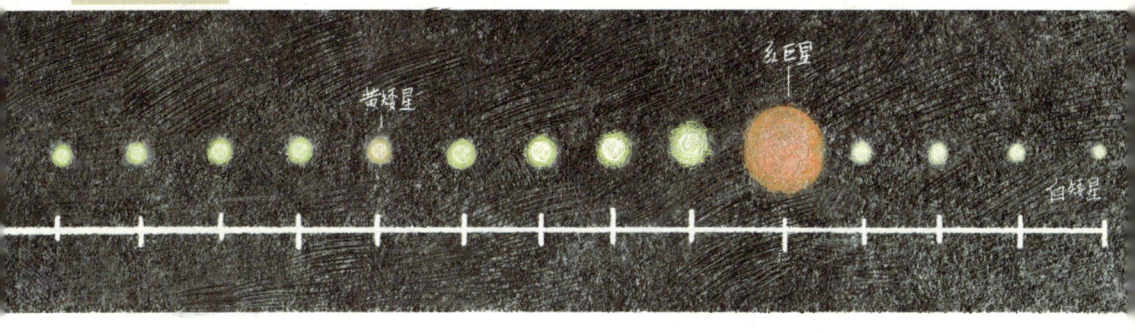

文在宇宙中用，用的是宇宙中理论上物体所能达到的最低温度作为基准。

按照上面这些分类，我们的太阳是一颗编号为 G2 的单星、黄矮星、主序星。天文学观测发现，主序星的生命周期一般在 100 亿年左右。于是，我们可以预见太阳的寿命大概还有 50 亿年。所以，50 亿年之后，太阳是注定要毁灭的，连同太阳系其他大部分天体一起，小说中的太阳爆炸，只不过让这个阶段提前了。不过，如果出现了高级别的宇宙文明，或者人类文明进化到足够高的阶段，说不定太阳还能被再抢救一下。

3 为什么选择比邻星移民？

如果让你为地球选择一颗新的恒星，你会怎么选呢？从电脑中调出星图，在整个宇宙不计其数的星系中搜索适合人类居住的恒星，再一个一个比较、挑选吗？如果人类具备了无限航行的能力，比如科幻小说中"高维空间折叠"之类的技术，这样做当然是最佳方案。但是小说中，人类的科技力量能够支持的最远航程，只能到达离我们最近的恒星——4.22 光年外的比邻星。所以，选择比邻星最重要的原因是距离。

《流浪地球》的数理化

4光年左右的距离在天文学上很短，对于人类来说却很长。我们知道，光年是光在真空中沿直线走一年所经过的距离，而真空中的光速是每秒30万公里，如果按公里算的话，我们离比邻星的距离实在是个太大的数字了。所以，我们把地球到太阳的平均距离定为一个天文单位，这样的话，太阳到比邻星的距离就是26.7万个天文单位。即使搭乘人类目前最快的航天器——每秒能飞200公里的"帕克"号太阳探测器，也需要6330年才能到达比邻星。

人类能搭乘"帕克"号去往比邻星吗？肯定不能，因为它太小太轻了，这也是它能那么快的原因。而如果使用传统的宇宙飞船技术，需要花上3万年才能到达。小说中，虽然人类的星际航行能力已经提高了很多，但是要支持全人类集体移民，所需要的时间也长达数千年。所以，比邻星几乎是迈出星际移民第一步的唯一选择。

除了距离，比邻星能够作为"流浪地球计划"选择的目标还有两个原因：

第一个原因是比邻星位于一个稳定的恒星系统中。比邻星的位置处于离太阳系最近的星座，也是天空中的九大星座之一——"半人马座"。在这个星座中，最闪亮的一颗恒星被命名为"半人马座 α 星"（字母代表着恒星在星座中的亮度，α 最亮，然后是 β，再往后，就要翻希腊字母表了），而在中国，人们更习惯叫它"南门二"。南门二并不是一颗星星，而是一颗三合星，这就意味着它有三颗恒星，有的比太阳大，有的比太阳小。比邻星就是其中最

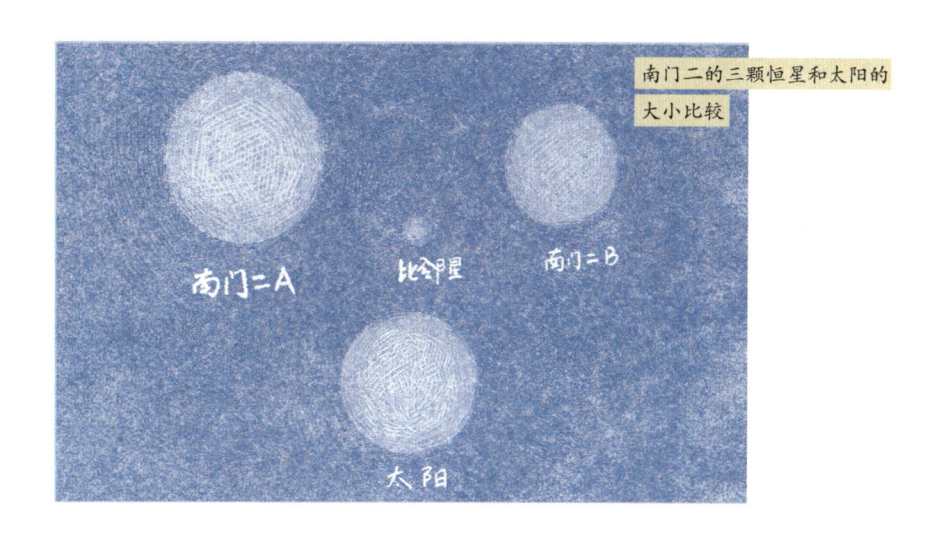

第一篇 | 刹车时代

南门二的三颗恒星和太阳的大小比较

小的一个，它的质量只有太阳的八分之一。因为太小太暗，直到 1915 年，人类才第一次观测到比邻星。

因为质量悬殊太大，比邻星跟另外两颗星星又离得太远，所以南门二的三星系统并不是三颗恒星在一起互相缠绕，而是比邻星远远地围绕着南门二A、B两位大佬组成的双星公转。这种非常规的三星系统让比邻星的轨道稳定并且可预测。

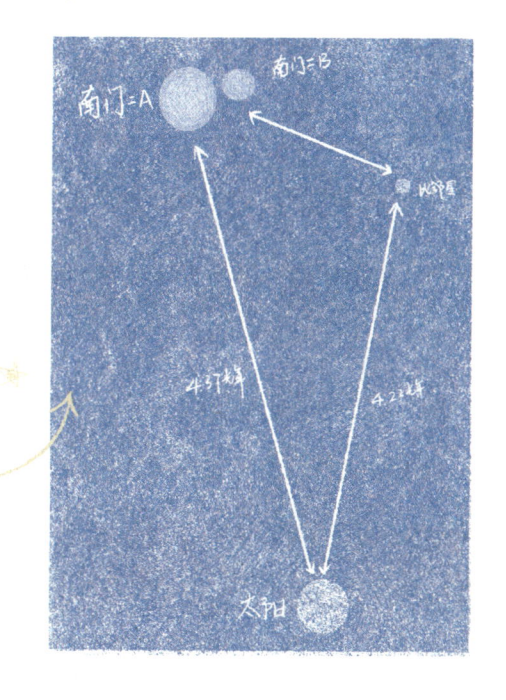

为什么这么说呢？第一个原因是在南门二的恒星系统中，质量大的两位距离很近，组成的双星系统可以提供强大稳定的引力。比邻星就像一颗伴星

49

《流浪地球》的数理化

一样，在距离它们非常远的轨道上做环绕运动，质量和距离都不足以对双星系统的运动产生扰动，而一般的三星系统，很可能会遇到著名的"三体问题"，从而让它们长期的运动轨迹变得很难预测。

"三体问题"指的是：随便抓三个天体放在一起，长期来看的话，它们在万有引力作用下的运动规律就是很难找出规律。由于三个天体之间的引力关系太复杂，任何一点微小的扰动都可能导致后来的状态发生很大的改变。所以，在数学上，三个天体的长期行为很难精确计算。如果比邻星位于这样的系统里，那么它的行星可能就会像科幻小说《三体》中推出的网络游戏"三体世界"一样，一会儿三个太阳同时升起，一会儿又一个太阳都没有，并且各种奇怪的状态持续的时间都是随机的。这样的地方显然不是地球安全的"泊车位"。

第二个原因是比邻星虽然质量很小，但是小也有小的好处，就是续航能力足，待机时间长。比邻星是一颗红矮星，表面温度只有 2800 摄氏度左右。恒星的质量越小、温度越低，核聚变的反应速度就越慢，可以稳定维持核聚变的时间就越长。

比邻星的寿命有多长呢？不说的话，你多半猜不到——如果没有什么意外发生，红矮星可以一直燃烧上千亿年，远远超过宇宙诞生的时间，并且永远不会变成吞噬怪兽红巨星。所以，比邻星虽然个头小，但是待机时间、电池安全性等方面的指标非常优越，分分钟秒杀我们的黄矮星太阳。如果泊入比邻星的轨道，理论上，地球就可以高枕无忧上千亿年了。

4 宇宙中还有别的"地球"吗？

地球是迄今为止我们知道的唯一一颗有生命存在的行星。宇宙中银河系这样的星系有一千多亿个，银河系中太阳这样的恒星有一千多亿颗，两个一千多亿叠加起来，都找不出一颗像地球这样的适合孕育生命的行星吗？天文学家们表示不服。宇宙太大，那就先从银河系找起吧。中国科学院上海天文台、微小卫星创新研究院等机构正在组团开展银河系类地行星"普查"工作，他们的目标是收集位于不同轨道上的大量类地行星的样本。在这个样本中，筛选出和我们的地球差不多的"地球 2.0"系列行星。此外，他们还想寻找那些没有恒星收留，在宇宙中孤独飘荡的孤儿行星，看看它们会是什么样子的。

《流浪地球》的数理化

"类地行星"是什么呢？根据成分的不同，我们把行星分为"类地行星"和"类木行星"。"类地行星"跟地球一样以硅酸盐石作为主要成分，并且拥有一个金属的核心和固体的岩石表面。"类木行星"则跟木星一样，主要由氢、氦和水等更轻的物质组成，并且表面不一定是固体。太阳系中，水星、金星、地球和火星是类地行星，木星、土星、天王星、海王星则是类木行星。

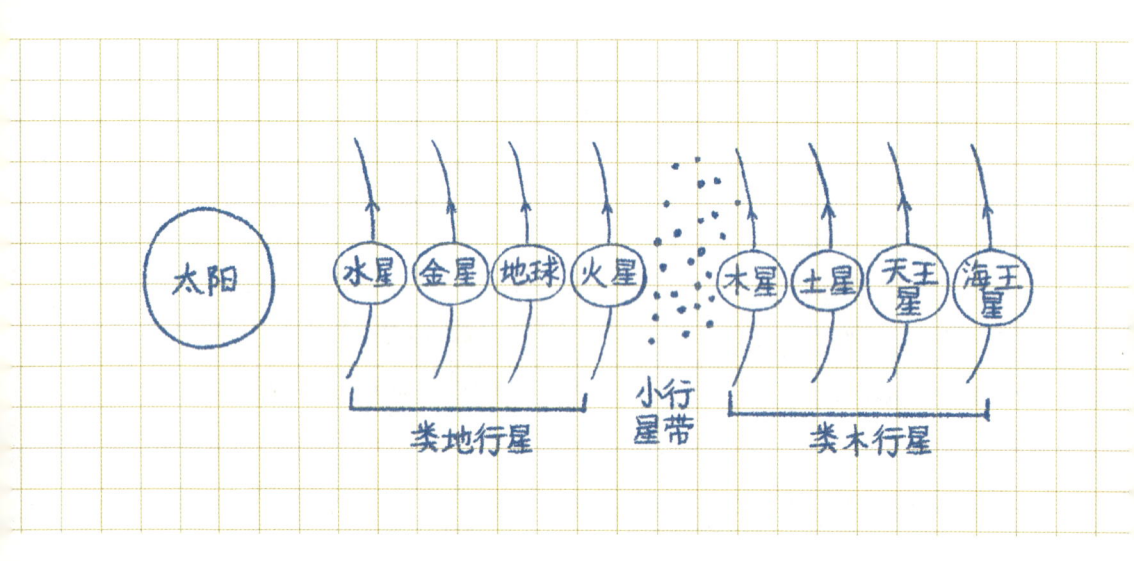

宇宙中的类地行星应该不少，但是在类地行星中找出另外一个地球其实也挺困难的。合格的"地球2.0"必须满足两个条件：处于所在恒星的宜居带内，半径是地球的0.8~1.25倍。什么是宜居带呢？科学家们认为，适合生命生存的行星上的水必须能够以液态的形式存在。这就要求温度范围至少得落在零摄氏度到一百摄氏度之间，一颗恒星周围符合这样条件的地方并不多。而如果行星的半径达不到地球半径的五分之四，

地球正好位于太阳系的宜居带上

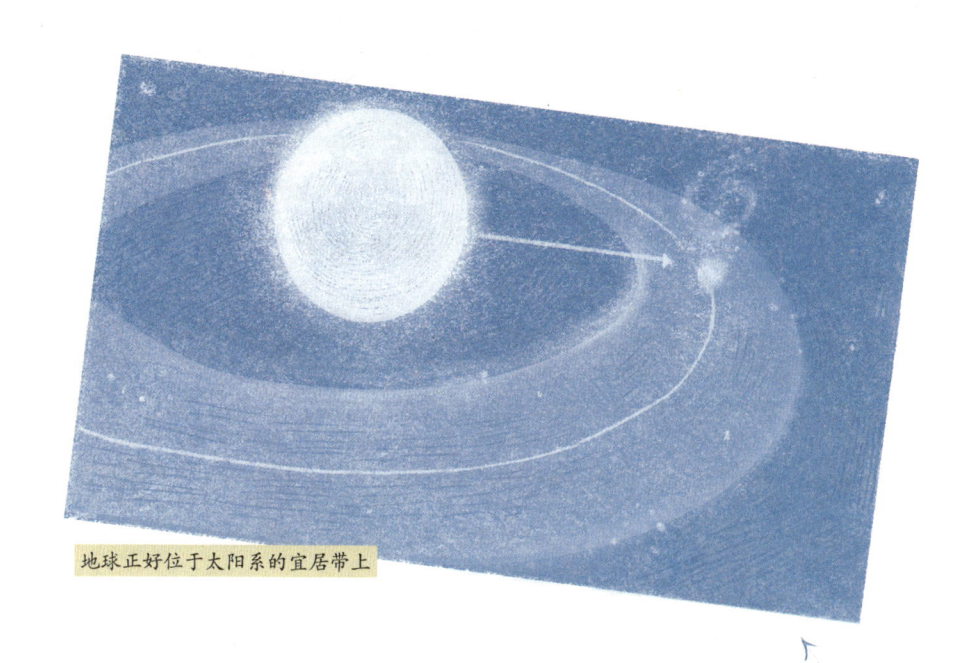

它的引力就会比较小,很可能留不住大气层;半径太大,过多的质量可能导致地表火山喷发过于频繁,同样不利于生命存在。

到目前为止,人类已经用开普勒望远镜,在一些安静明亮的恒星附近找到了 300 多个轨道较短、大小与地球相似的固体行星,但是在活动剧烈的暴躁恒星身边潜伏的那些质量比较小的行星就看不清楚了。银河系类地行星普查行动中,中国的天文学家们将使用独创的"搜星利器"——精度更高、对小质量行星更敏感的广角凌星望远镜和微引力透镜望远镜,对银河系内类地行星进行大规模的普查。这样,我们不仅可以去寻找"地球 2.0"系列行星,还可能找到大量热的、湿的、冷的"地球",以及那些被逐出了恒星系、在宇宙空间中游荡的"流浪地球"。

《流浪地球》的数理化

第五章
逃跑的姿势

原文摘录

飞船派 VS 地球派

"嗨,飞船派和地球派又打起来了!"

我对这事不感兴趣,他们已经打了四个世纪了。但我还是到外面看了看,在那打成一团的几个男孩中,一眼就看出了挑起事的是阿东。他爸爸是个顽固的飞船派,因参加一次反联合政府的暴动,现在还被关在监狱里。有其父必有其子。

小星老师和几名粗壮的船员好不容易才拉开架,阿东鼻子血糊糊的,振臂高呼:"把地球派扔到海里去!"

"我也是地球派,也要扔到海里去?"小星老师问。

"地球派都扔到海里去!"阿东毫不示弱,现在,全世界飞船派情绪又呈上升趋势,所以他们也狂起来了。

"为什么这么恨我们?"小星老师问。

其他几个飞船派小子接着喊了起来:"我们不和地球派傻瓜在地球上等死!"

"我们要坐飞船走!飞船万岁!"……

小星老师按了一下手腕上的全息显示器,我们面前的空中立刻显示出一幅全息图像,孩子们的注意力立刻被它吸引过去,暂时安静下来。

那是一个晶莹透明的密封玻璃球,直径大约有10厘米,球里有三分之二充满了水，水中有一只小虾、一小枝珊瑚和一些绿色的藻类植物，小虾在水中悠然地游动着。小星老师说："这是阿东的一件自然课的设计作业，小球中除了这几样东西，还有一些看不见的细菌，它们在密封的玻璃球中相互依赖、相互作用。小虾以海藻为食，从水中摄取氧气，然后排出含有机物质的粪便和二氧化碳废气，细菌将这些东西分解成无机物质和二氧化碳，然后海藻利用了这些无机物质和二氧化碳在人造阳光的照射下进行光合作用，制造营养物质，进行生长和繁殖，同时放出氧气供小虾呼吸。这样的生态循环应该能使玻璃球中的生物在只有阳光供应的情况下生生不息。"

"这是我见过的最好的课程设计，我知道，这里面凝聚了阿东和所有飞船派孩子的梦想，这就是你们梦中飞船的缩影啊！阿东告诉我，他按照计算机中严格的数学模型，对球中每一样生物进行了基因设计，使他们的新陈代谢正好达到平衡。他坚信，球中的生命世界会长期存在下去，直到小虾寿命的终点。老师们都很钟爱这件作业，我们把它放到所要求强度的人造阳光下，默默地祝福他创造的这个小小的世界能像阿东预想的那样长存。但现在，时间只过去了十几天……"

小星老师从随身带来的一个小箱子中小心翼翼地拿出了那个玻璃球，死去的小虾漂浮在水面上，水已混浊不堪，腐烂的藻类植物已失去了绿色，变成一团没有生命的毛状物覆盖在珊瑚上。

"这个小世界死了。孩子们，谁能说出为什么？"小星老师把那个死亡的世界举到孩子们面前。

"它太小了！"

"说得对，太小了，小的生态系统，不管多么精确，也是经不起时间的风浪的。飞船派们想象中的飞船也一样。"

"我们的飞船可以造得像上海或纽约那么大。"阿东说，声音比刚才低了许多。

"是的，按人类目前的技术最多也只能造这么大，但同地球相比，这样的生态系统还是太小了，太小了。"

"我们会找到新的行星。"

"这连你们自己也不相信。半人马座没有行星,最近的有行星的恒星在八百五十光年以外,目前人类能建造的最快的飞船也只能达到光速的百分之零点五,这样就需十七万年时间才能到那儿,飞船规模的生态系统连这十分之一的时间都维持不了。孩子们,只有像地球这样规模的生态系统,这样气势磅礴的生态循环,才能使生命万代不息!人类在宇宙间离开了地球,就像婴儿在沙漠里离开了母亲!"

"可……老师,我们来不及了,地球来不及了,它还来不及加速到足够快,航行到足够远,太阳就爆炸了!"

"时间是够的,要相信联合政府!这我说了多少遍,如果你们还不相信,我们就退一万步说:人类将自豪地去死,因为我们尽了最大的努力!"

1 关于"逃跑姿势"的争论

太阳即将爆炸,人类毫无办法。既然逃跑已成定局,剩下的问题就是选择一个帅气的姿势。这个选择把大人和孩子们的世界分裂成了敌对的两派。小说中并没有提到地球派是如何战胜飞船派的,但是,即使地球已经成功装上了发动机并开动了几百年,争论和冲突也并没有停下来。飞船派觉得传统姿势最靠谱,人类开飞船的技术可比开地球的成熟多了,毕竟各式各样的飞行器已经开了几百年,而开地球还是头一遭。地球派认为飞船的生态系统太小了,比起开地球,全军覆没的风险更大。

那么,什么是生态系统,生态系统多大才够大呢?

2 什么是生态系统?

生态系统既然是"系统",那就至少应该包含两个或者两个以上的要素,如果只有一个,一定不是系统。**所以,生态系统里面都有什么呢?**

和其他系统不一样的是,生态系统首先必须要有生物。此外,还要包括生物所处的环境。自然界一定的空间内,生物和其周围的环境构成了一个整体,这个整体就是生态系统。生物需要从周围的环境中汲取物质和能量维持自身的生存,在这个过程中,它们会把吸收的转化为其他物质

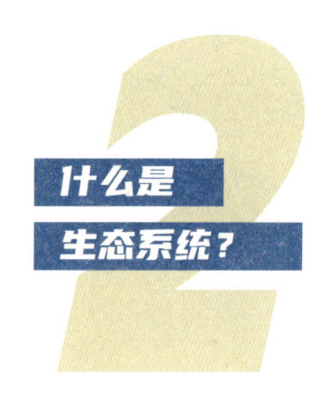

或能量释放到环境中去，死后的躯体也会回归到环境中，进入下一个循环。生物与环境互相影响，彼此交联，物质、能量在其中循环流动起来。有了这两样，就构成了一个除外部能量输入以外，其他完全可以自给自足的生态系统。所以，"生物"和"环境"是生态系统可以运转的必不可少的两个要素。

　　除了两个要素，生态系统一般还会包括三种不同的角色：生产者、分解者和消费者。在生态系统这个每时每刻都忙忙碌碌的工厂里，这些角色就像不同的岗位，承担着不同的任务。

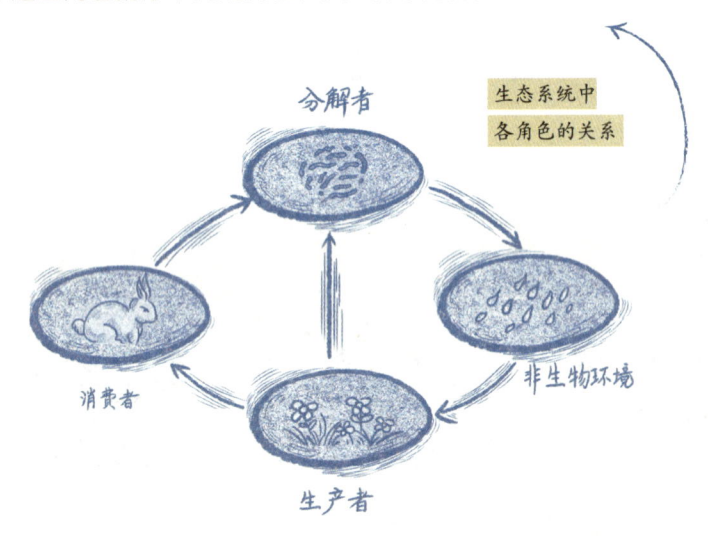

生态系统中各角色的关系

分解者　　非生物环境　　生产者　　消费者

　　生产者主要是一些植物或者细菌，在生态工厂里，我们可以叫它们"吃能量的人"。它们有一个共同的特点，就是可以直接吸收环境中的能量来维持生命，比如绿色植物、光合细菌等，只要有阳光照射，再加上水等一些基本的原料，它们就可以通过光合作用来合成有机物，给自身的机体供能。所以它们又叫作"自养生物"。在自力更生的同时，它们还可以向环境释放氧气等物质，为其他成员提供生活必需品。生产者是生态工厂中唯一可以直接利用和转换能量的人，这个特异功能让其成为整个工厂中唯一不会被开除的人。

分解者主要是一些细菌和真菌，我们可以叫它们"吃腐物的人"。它们不嫌脏不嫌臭，以尸体、粪便等各种没有生命的有机物质为主要食物，吃进去后把它们分解成水、二氧化碳等清洁的原料，提供给生产者循环利用。所以，分解者在生态工厂中的位置是非常重要的"垃圾回收处理岗"，如果没有它们，在一个封闭的生态系统中，原材料用完了，花花草草们就得停工了。除了微生物，屎壳郎、蚯蚓等一些吃腐物的动物也是分解者。所以，如果路上碰到了它们，请记得爱护我们的环卫工人喔！

此外，还有一些坐享其成的家伙——消费者。是的，说的就是我们——"吃别人的人"。"我们"不仅仅是指人类，还包括几乎所有的动物和一部分微生物。一般有两种吃法：一种是把其他动植物抓来直接吃，干脆利落；另一种是寄生在别人的身体上偷偷吃，慢慢吃。这个岗位还分级别呢！一般

各种各样的细菌

《流浪地球》的数理化

来说，吃花花草草的是初级消费者，吃肉的是次级消费者，以此类推，还有三级消费者、四级消费者……**总的来说，你吃的东西级别越高，你的级别就越高。**

那么，一个生态工厂，有生产者和分解者就可以开工了，要消费者这种不劳而获的人有什么用呢？

其实，消费者的作用也不小，它们可以通过"消费"这种高效的方式，加快生态工厂中资源的循环，维持员工数量和工厂规模的稳定，是生态工厂运行的"加速器"和"稳定器"。同时，还能帮生产者们传递信息和促进繁荣，比如鸟儿吃水果、小蜜蜂采花蜜等，都可以帮助植物繁殖。另外，消费者们的身体和代谢产物也可以为生产者和分解者们提供养料……可以说，消费者是维持工厂高效、平稳运作非常重要的岗位了。

生态工厂可大可小，太阳系可以算是一个恒星系级别的超级生态工厂，小说里的玻璃球也是一个小小的生态工厂。生态工厂就是生命的培养皿，离开了它，没有任何生物能够独立存在。所以，想要逃离太阳系进行星际移民，就得带上我们自己的生态系统。

"开飞船"还是"开地球"？

毫无疑问，开地球当然要帅得多。飞机、火箭、飞船和各种造型的星际战舰，乃至外星人的星际舰队，我们都见过不少了（电影里的也算），但是你听说过外星人开着星球过来的吗？所以，在《流浪地球》里，开地球首先是打造一个名场面的需要。那么，实际上，到底是开地球靠谱还是开飞船靠谱呢？

跑是跑，架式贼帅！

《流浪地球》的数理化

　　首先，这取决于人类的科技水平，也就是利用和改造自然的能力达到了什么程度。苏联的天文学家尼古拉·卡尔达舍夫以这个能力为标准，将宇宙文明粗略划分为三个等级：

　　第一级是行星级文明，行星级文明可以完全利用和控制自己所在星球的全部资源，是该星球至高无上的绝对主宰。只要他们愿意，可以随意变化星球上的土地、天气，甚至具备毁灭周边一些行星的能力。以此类推，第二级宇宙文明是恒星级文明，第三级是星系级文明。文明级别之间的差异比人类和草履虫之间的差异还要大得多，进化到下一级文明需要非常漫长的时间以及运气。要知道，地球这样一个适合孕育生命的"天选之地"，用了约46亿年的时间才进化出0.75级的"类行星"级文明。

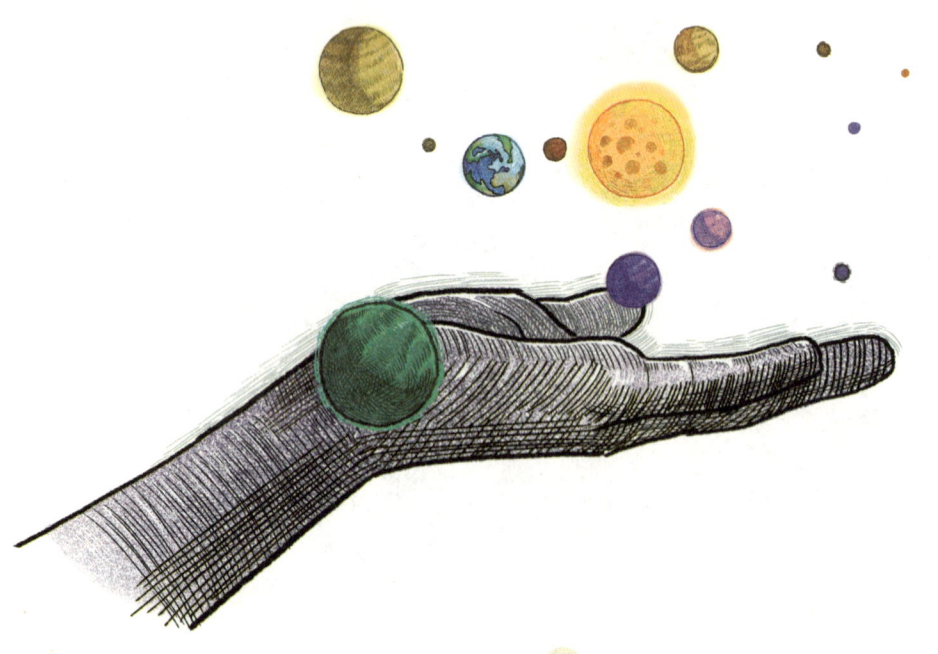

以人类现在的文明等级，地球是肯定没法开的，开飞船也不可行，因为现在的我们连一个像样的闭环生态系统都造不出来，除了躺平，大概就只能建造一些像"旅行者"一样的小型星际飞行器，作为保存人类文明火种的"诺亚方舟"，发射出去碰碰运气了。

而到了小说设定的那个时代，人类可以用岩石作为行星发动机的燃料，说明已经掌握了重物质可控核聚变技术。目前普遍认为，可控核聚变技术是行星级文明的标志之一，重元素可控核聚变又比轻元素可控核聚变难上不知多少倍。所以，小说里的地球文明等级应该至少已经达到了行星级文明1.0以上。在这个级别，理论上开地球是可以的，建造比巨型城市还大的飞船和长期稳定的人工生态系统应该也不是难事，毕竟这个时候，人类已经是行星级别的可以呼风唤雨的物种了。所以，开飞船和开地球，应该都是可以考虑的方案。在这种情况下，你觉得是开飞船还是开地球更靠谱呢？

开飞船的好处，第一是技术熟练，实现难度小。几百年的飞行器设计、制造和使用经验让人类在选择飞船的时候更有底气。第二是比起地球来，飞船规模小得多，控制更加灵活机动，要是遇上小行星来袭、超新星爆发等突发情况，要打要跑都方便得多。飞船最大的问题是比起地球来说还是太小，不能一次带走地球上所有的人。让剩下的人毫无希望地留在地球上等死，是非常难以做出的决定。此外，宇宙中，一个行星级文明在跨恒星系飞行的旅途中飞行会遇到什么是难以预料的，飞行器越小，旅途中抗风险的能力就越小。即使按计划顺利到达，目的地有没有行星可以降落也未可知。如果有，行星是否适合生物生存，会不会有原住民拿着光剑严阵以待等，都是可能要面对的问题。

《流浪地球》的数理化

而开地球的方案是以"拯救全人类"为目标的，将地球整个生态系统（虽然可能已经千疮百孔）打包带走，包里装着比飞船丰富无数倍的原生态资源，乘客安全感满满，不容易抑郁，还不用在千万个恒星中去翻找那一点模糊的行星，操心该星球对人类的界面是否友好，能不能改造。此外，比起飞船来，地球这个庞然大物对抗撞击、辐射等风险的能力也强了许多，利用自身的重量，旅途中顺手牵羊"偷"个小行星当燃料什么的也挺方便。

但是，"带球跑"的性价比太低了，人类生存所需要的生态系统，即使算上地下城和岩石开采的需要，也只有地球表面那薄薄的一层。为了带走这一层，耗费巨量的人力、物力去推动整个地球进行星际航行是非常不划算的。而且，地球太大了，开起来，姿态和航向控制、切入新的恒星轨道等操作都比开飞船难得多，地壳能不能承受发动机启动、变向时产生的巨大推力也是需要考虑的问题。并且，如果人类能够有较大的把握将地球连同全人类一起开到另外一个恒星系的既定轨道上，那么这样的技术用来开飞船岂不是更加简单？

小说外，地球派和飞船派的讨论还在继续。也许这个问题的各种细节，只有等到人类的认知和科技水平不断提升才能逐渐明朗。在这之前，如果力所能及，双管齐下或许是最安全的方案。

地球上最小的生态系统

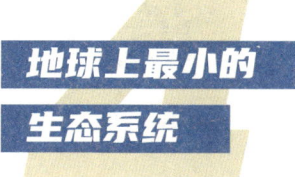

目前，地球上已知最小的闭环生态系统，只有生产者和它所处的环境。科学家们在位于南非的一座金矿的地面下，发现了一种非常奇怪的细菌，同时也可能是地球上最古老的生物——Desulforudis audaxviator。我们就叫它小 D 吧。小 D 生活在地下 3 公里完全见不到阳光的地方。它的食物，是我们前面提到过的同样非常奇怪的物质——铀。准确地说，并不是铀，而是含铀的岩石所产生的放射能量。利用这些能量，小 D 就能够从周围的空气中获取它所需要的营养物质，并将水分解为氢和氧。这样的话，只要抱紧岩石的大腿，它就可以快乐地繁衍下去，甚至连分解者都不需要。

我们知道，铀元素几十亿年才衰减一半，寿命比太阳还长，几乎可以算是无穷无尽的能源了。如果小 D 家族坐着它们小小的岩石去星际旅行，能创造多长的宇宙航行纪录还真是一件非常值得期待的事情呢。

第六章
流浪的起点

原文摘录

地球终于启航了

　　人类的逃亡分为五步：第一步，用地球发动机使地球停止自转，使发动机喷口对准地球运行的反方向；第二步，全功率开动地球发动机，使地球加速到逃逸速度，飞出太阳系；第三步，在外太空继续加速，飞向比邻星；第四步，在中途使地球重新自转，掉转发动机方向，开始减速；第五步，地球泊入比邻星轨道，成为这颗恒星的行星。人们把这五步分别称为刹车时代、逃逸时代、流浪时代I（加速）、流浪时代II（减速）、新太阳时代。

　　整个移民过程将延续两千五百年时间，一百代人。

　　我们的船继续航行，到了地球黑夜的部分，在这里，阳光和地球发动机的光柱都照不到，在大西洋清凉的海风中，我们这些孩子第一次看到了星空。天哪，那是怎样的景象啊，美得让我们心醉。

小星老师一手搂着我们,一手指着星空,"看,孩子们,那就是半人马座,那就是比邻星,那就是我们的新家!"说完她哭了起来,我们也都跟着哭了,周围的水手和船长,这些铁打的汉子也流下了眼泪。所有的人都用泪眼望着老师指的方向,星空在泪水中扭曲抖动,唯有那颗星星是不动的,那是黑夜大海狂浪中远方陆地的灯塔,那是冰雪荒原中快要冻死的孤独旅人前方隐现的火光,那是我们心中的太阳,是人类在未来一百代人的苦海中唯一的希望和支撑……

在回家的航程中,我们看到了起航的第一个信号:夜空中出现了一颗巨大的彗星,那是月球。人类带不走月球,就在月球上也安装了行星发动机,把它推离地球轨道,以免在地球加速时相撞。

月球上行星发动机产生的巨大彗尾使大海笼罩在一片蓝光之中,群星看不见了。月球移动产生的引力潮汐使大海巨浪冲天,我们改乘飞机向南半球的家飞去。

起航的日子终于到了!我们一下飞机,就被地球发动机的光柱照得睁不开眼,这些光柱比以前亮了几倍,而且所有光柱都由倾斜变成笔直。

地球发动机开到了最大功率,加速产生的百米巨浪轰鸣着扑向每个大陆,灼热的飓风夹着滚烫的水沫,在林立的顶天立地的等离子光柱间疯狂呼啸,拔起了陆地上所有的大树……这时,从宇宙空间看,我们的星球也成了一颗巨大的彗星,蓝色的彗尾刺破了黑暗的太空。

地球上路了,人类上路了。

就在起航时,爷爷去世了,他身上的灼伤已经感染。弥留之际,他反复念叨着一句话:"啊,地球,我的流浪地球呀……"

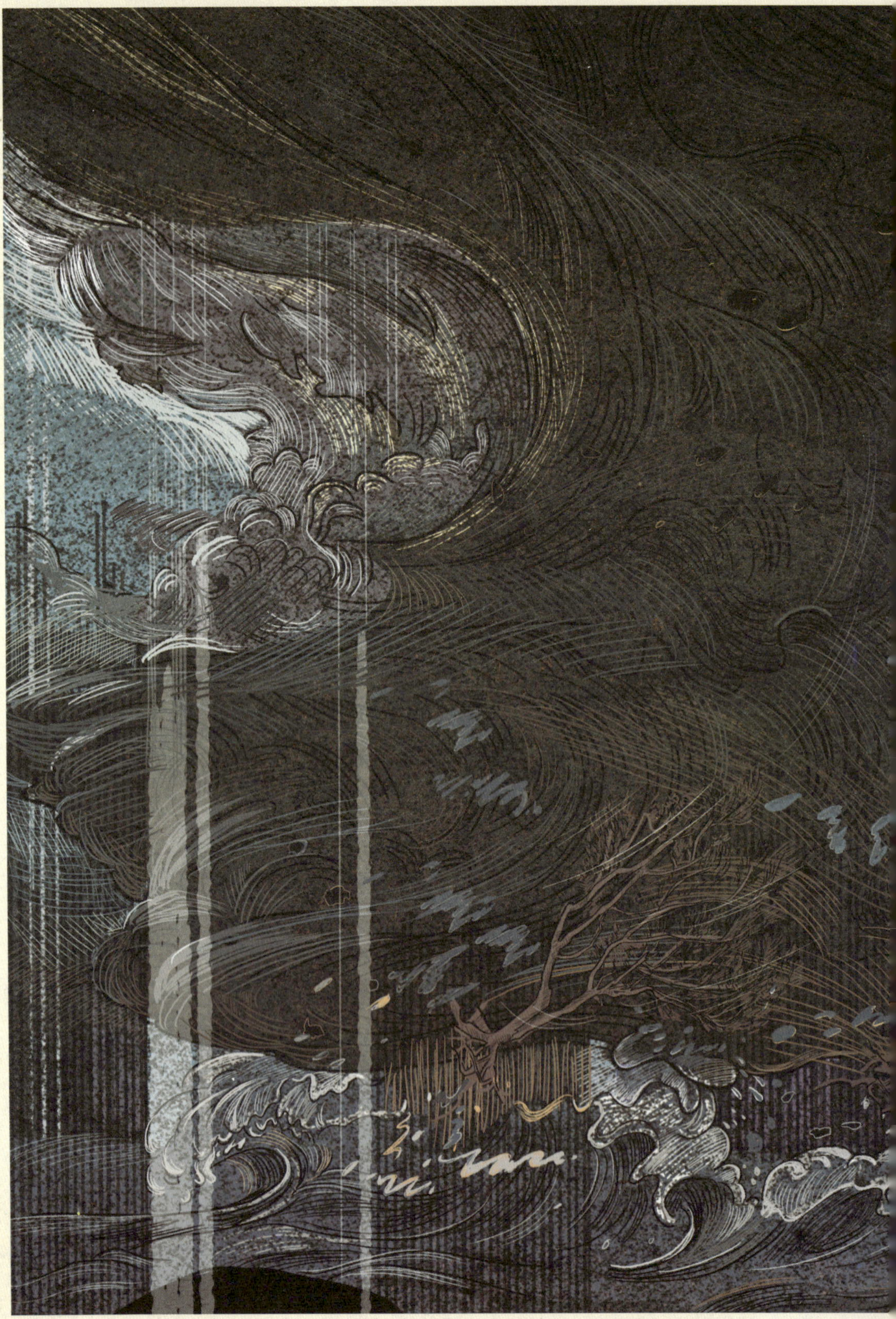

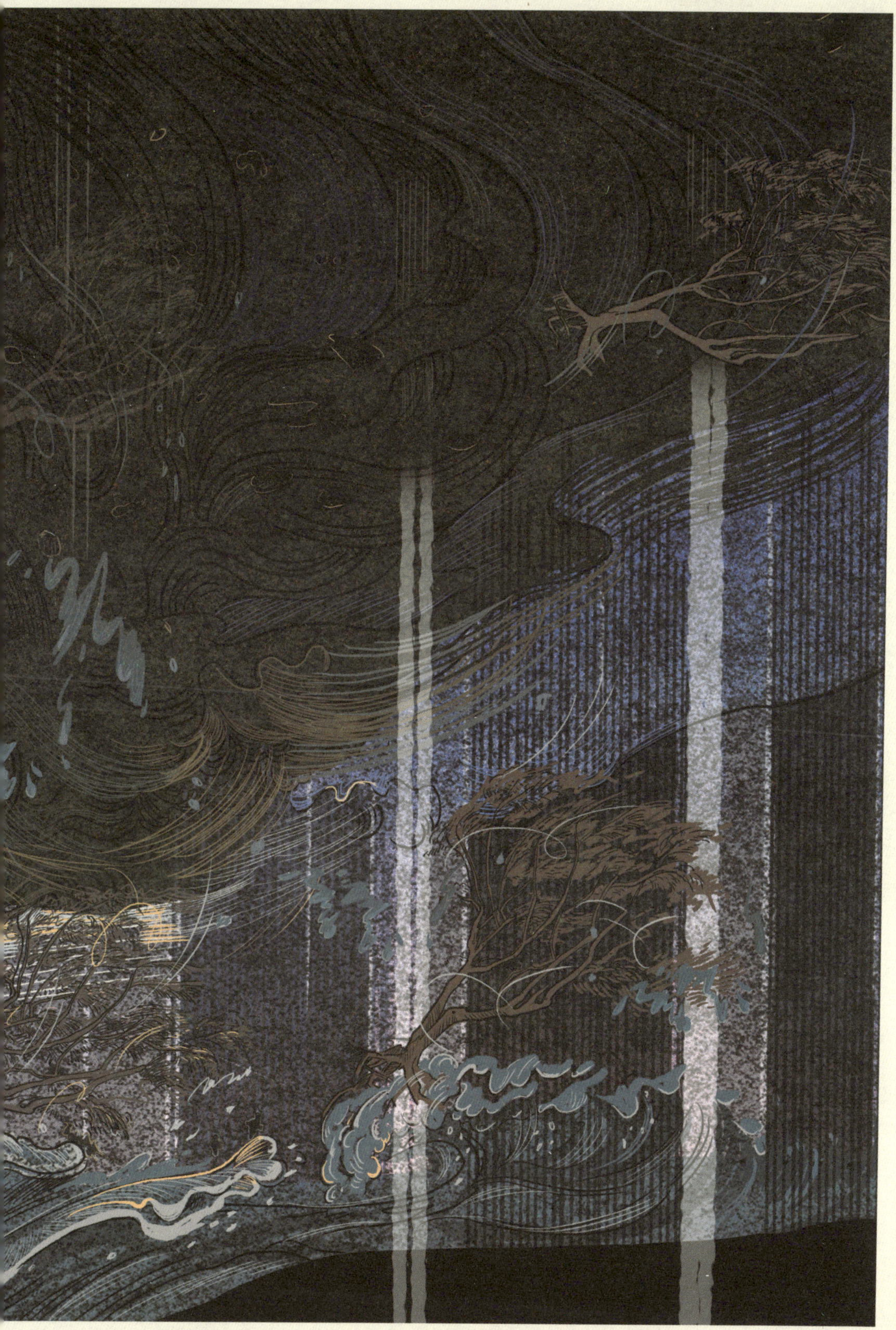

《流浪地球》的数理化

1 逃亡的漫漫旅途

旅行仍在继续,轮船驶入黑夜,北半球出生的孩子们有生之年第一次看到了黑夜,看到了星星,包括旅程的终极目的地——比邻星。虽然还要再过两千五百年,要到孩子的孩子的孩子的孩子……那一代才有可能抵达,但那一刻,他们至少看到了它。而在那之前,地球需要精确、完美地完成刹车、开到太阳逃逸速度、再次加速、重新自转并减速、驶入比邻星轨道等五个规定动作,每一步都危险重重。

旅行结束时,行星发动机已经火力全开,推动地球开启了逃亡的漫漫旅途。爷爷的去世,成为一个时代落幕的隐喻。地球,真的要离开了。

2 为什么需要开到"逃逸速度"?

逃逸速度,简单地说,就是物体逃离另一个物体,并且只要它不主动回去,就再也不会被拉过去所需要的最小速度。地球只有达到这个速度,才能永远逃离太阳,不再被太阳的引力所束缚。

为什么一个物体离开之后,还会被另外一个物体拉回去呢?我们离开房子、离开汽车,也并没有什么东西拉我们回去呀,但是如果双脚蹬地试图跳离地球,就会马上感受到这种拉回去的力量。

伽利略

大家都知道，这个拉我们回到地球表面的力量叫作重力，也就是万有引力。

那么，引力究竟是一种什么东西？它又是怎么被发现的呢？

早在两千多年前，人们就开始琢磨"力"这种看不见、摸不着的东西了。当时著名的哲学家亚里士多德（现在也很著名）通过观察物体的运动，得出的结论是：力是物体运动的原因。比如，马车是需要用力拉的，球是需要用力踢的，否则它们就会静止不动。这个观点似乎并没有什么问题，直到公元17世纪，发明望远镜并用它看向星空的那位大神——伽利略对此提出了不同意见。

伽利略认为，如果一个物体在运动，只要没有让它加速或减速的原因，它就会保持原来的速度继续运动下去。这似乎与人们的日常经验不太相符——球被踢出去之后，没有任

《流浪地球》的数理化

毛巾

棉布

木板

何人去碰它也会停下来，这怎么解释呢？伽利略经过观察和实验发现，球踢出去之后并不是没有受力，在空中它会受到空气的阻力，落地后也会遇到来自地面的和球运动方向相反的摩擦力。很明显，球在摩擦力大的草地上很快就会停下来，在光滑的大理石地面很久都停不下来。摩擦力越小，球就会滚得越远，可以想象，如果摩擦力消失了，球就会一直滚下去。

后来，法国科学家笛卡尔进一步补充：如果运动的物体不受任何外力的作用，不仅速度不变，而且运动方向也不会改变。最后，牛顿把这些现象总结为一条重要的科学定律——牛顿第一定律：**一切物体都有保持静止或者匀速直线运动的性质。这种性质也就是前面我们提到过的"惯性"。**

72

既然牛顿第一定律告诉我们,没有力也可以有运动,那么是不是从此力就和运动没有关系了呢?牛顿说:当然不是!力是改变物体运动速度和方向的原因。他又补充了一个定律——牛顿第二定律,定量描述了力作用在物体上的效果。这个定律是这么说的:物体受到合外力的作用会产生加速度,加速度的方向与合外力的方向相同,大小与合外力的大小成正比,与物体的质量成反比。

什么是合外力呢?就是一个物体可能同时受到很多个力,但它不可能同时向很多个方向运动,因为所有的力会互相叠加和抵消,四舍五入就等于一个方向的力,这个力就是合外力。而加速度则用来表示物体速度变化的快慢,它的值等于速度的变化量与发生这一变化所用时间的比值。

牛顿先生发现的第一定律和第二定律,为人类解决了力与运动的关系这个大问题,却没有解决一个令他自己头痛的小问题,就是为什么在树上安安静静挂着的苹果,会突然落下来砸得他头痛呢?他开始思考:既然所有的物体改变运动状态都是受到了外力的作用,那么让苹果从树上向地面落下的力是什么呢?树再高一些又会怎么样呢?如果树一直长到月亮上,苹果还会掉落到地面上来吗?为什么月亮不会像苹果一样落到地面上呢?又是什么力量,让月亮不停地围着地球转动呢?

牛顿第二定律

$F_合 = ma$

《流浪地球》的数理化

　　按照牛顿第一定律，如果没有受到外部施加的力，月球应该保持静止或者做匀速直线运动，之所以会绕着地球旋转，不停地改变运动的方向，一定有一种看不见的力量不断把它往地球的方向上拉。如果没有这种拉力的话，月球就会沿着与轨道相切的方向直线飞离轨道，就像链球运动员拉着链球让它围绕自己旋转一样，如果他松开手，链球就会沿着拉力消失的那一瞬间运动的方向直直地飞出去。苹果长在树上没有惹任何人，之所以会落向地面，一定有一只看不见的手在拉它。

　　从1665年到1685年，牛顿花了整整20年的时间，终于找到了把苹果拖向地面的那只"隐形的手"，并且从数学上证明了把苹果拽到地面上的力量与把月亮束缚在地球周围不停旋转的力量是同一种力——万有引力。

　　牛顿认为，所有的物体都是通过万有引力相互吸引的，只要有质量，就有万有引力。同时他还找出了万有引力作用的规律：引力的方向是沿着两个物体中心的连线，引力的大小和物体质量的乘积成正比，和物体之间距离的平方成反比，再乘以一个引力常数 G，就可以得到引力的数值了。G 是通过多次测量测出来的，它的值大概是 $6.67 \times 10^{-11} N \cdot m^2/kg^2$。

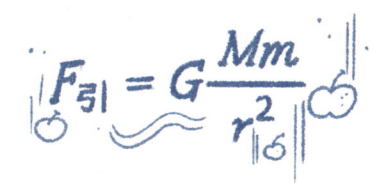

$$F_{引} = G \frac{Mm}{r^2}$$

万有引力的计算公式

在地球上，引力赋予了苹果重量，让苹果落向地面。在宇宙中，引力让物质聚集在一起形成天体，让小质量的天体绕着大质量的天体旋转形成星系，而月球的质量对海水的吸引，让地球上有了潮汐。

太阳系的天体在引力的作用下围绕太阳旋转

《流浪地球》的数理化

"逃逸速度"怎么算？

任何两个有质量的物体之间，都存在着互相吸引的力量，无论它们之间的距离有多远。可是为什么所有的物体没有吸在一起，只有地球把它上面的东西吸住了呢？因为引力其实是一种非常弱的力量，在左右我们这个宇宙的四种基本力量（另外三种是电磁力、强相互作用力和弱相互作用力）之中，万有引力是最弱的一个。大多数时候它都是完全没有存在感的。只有在遇到质量非常大的物体时，引力才会大到能够让人明显察觉的地步。

所以，一般我们看到万有引力起作用的时候，都和大质量的天体有关。人类想要逃离地球引力的束缚，必须达到地球的逃逸速度。地球要想逃离太阳引力的束缚，也必须比现在跑得更快，直到达到太阳的逃逸速度。

要计算逃逸速度，我们需要知道另外一件事情——能量。 能量可以有很多种不同的形式，比如动能、势能、热能、电能、核能……这些能量彼此之间是可以互相转化的。也就是说，不管能量有多少种千差万别的形式，本质上它们其实是一种东西。和逃逸速度相关的能量是动能和势能。

世界万物是不停运动的，在物质的一切属性中，运动是最基本的属性，其他属性都是运动的具体表现。而有了运动，就有了能量。比如，温度是物质内部的分子做无头苍蝇一样没有规律的布朗运动的外在表现，有温度，就有热能。宏观的物体运动起来，就有了运动的能量——动能。物体的质量和速度决定了它在某一刻所具备的动能，质量（m）越大、速度（v）越高，动能（E）就越大。

动能的计算公式

$$E = \frac{1}{2}mv^2$$

满满都是套路！

相对静止的宏观物体除了热能，是不是就没有其他能量了呢？并不是的，由于引力的作用，它与其他物体的相对位置会赋予它蓄势待发的一种能量——引力势能。在地球表面，重力让一切位于地心那个点之外的物体都有了自己的引力势能。

$$E_p = -GMm/r$$

引力势能的计算公式

《流浪地球》的数理化

上面就是引力势能的计算公式。其中，大写的 M 代表互相吸引的两个物体中，质量更大的那一个，小写的 m 代表小一点的那个，r 是两个物体中心连线的长度，G 是万有引力常数。为什么引力势能会加一个负号呢？因为我们一般会把引力完全消失的地方——假想中的无穷远处当成是没有引力势能的地方，也就是距离一个物体无穷远的地方，这个物体的引力势能为零。而其他所有在引力作用范围内的物体，都拥有引力势能。离得越近，引力越大，引力势能就越大。所以，引力势能的公式中必须加上一个负号，才能够表达势能随着距离由远到近，能量由小变大的这个过程。

要逃离一个天体的表面，所需要具备的动能一定不能比这个天体束缚它的引力势能的绝对值更小。于是，我们就得到了逃逸速度的公式。

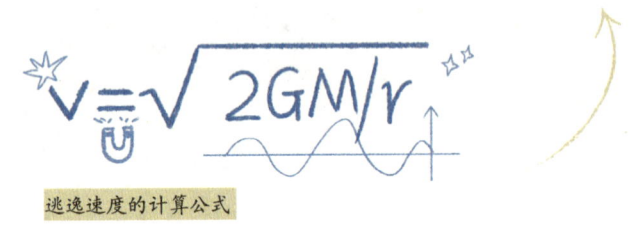

$$v = \sqrt{2GM/r}$$

逃逸速度的计算公式

要逃离太阳的表面，M 就是太阳的质量，r 是太阳的半径。根据这个公式，我们可以计算出太阳表面的逃逸速度大概是 617.7 公里/秒。而地球在距离太阳约 1.5 亿公里的地方，如果要逃出太阳引力，按照上述公式计算，速度需要达到 42.4 公里/秒。目前，地球围绕太阳公转的线速度大概在 30 公里/秒，所以，以这个速度奔跑的地球仍然在太阳的势力范围内，需要开足马力才能逃离。

能量的本质是什么？

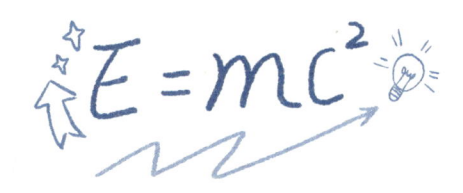

一个简洁优美而伟大的公式——爱因斯坦质能方程式

我们生活中所有的一切都离不开能量。物理学上，能量的定义是"物质运动转化的量度"。但是，这似乎很难解释能量究竟是什么。的确，能量可以使物体发生运动和变化，可以推动火箭，可以加热物体，可以让手机24小时开机。虽然人类已经基本掌握了能量的转化规律，比如，不同形式的能量互相转化前后的总量是一样的（也就是"能量守恒定律"），并且已经可以熟练地使用各种各样的能量为我们服务，但是时至今日，物理学家们仍然没有弄清楚能量的本质是什么，就像没有弄清楚力的本质是什么一样。

关于能量的本质，目前人类的认识止于爱因斯坦发现的质能方程式：$E=mc^2$。这个伟大的方程式为我们揭示了一个秘密：质量和能量是等价的。用一个物体的质量乘以光速的平方，就等于这个物体消失后产生的能量。也就是说，能量不仅可以从一种形式转化为另一种形式，从一个物体转移到另一个物体，物体本身也可以转化为能量。因为光速的平方非常大，所以一点点的质量损失都可以转化为很大的能量，这也就是前面提到的，在太阳内部发生的事。

更加奇妙的是，根据这个方程，能量也可以转化为质量。也就是说，只要有能量，世界万物都可以无中生有。实际上，我们的宇宙很可能就是这么来的。1929年，美国天文学家哈勃发现，不管往哪个方向看，远处的星系都在急速地远离我们，这就意味着宇宙正在不断膨胀。通过进一步追踪星系发出的光线，他发现，在100多亿年前的某个时刻，宇宙中所有的星星都在同一个位置。

这是什么意思呢？哈勃认为，只有一种假设能够解释这件事情，就是存在着一个叫作"大爆炸"的时刻，当时的宇宙都堆积在一个点上，这个点叫作"奇点"。后来的科学家们通过实验，基本确定了在大约 138 亿年前，这个假想中的"大爆炸"确实发生过。不过关于这个奇异的"奇点"到底是什么样子的，我们还只能靠猜。目前，天文学家们猜测，奇点的体积无限小，曲率无限大，热量无限高，密度无限大。奇点爆炸之后，才有了时间、空间和物质。

这么看来，我们现在这个宇宙中所有的物质和能量都是大爆炸之后，遵循着 $m=E/c^2$ 的规律产生的。据说，爱因斯坦的公式最早的表达方式也是 $m=E/c^2$，他想说的就是质量的来源是能量。从宇宙的尺度上来看，能量很可能是先于质量的存在，如果真的是这样，那么能量可能就是比物质更加基本的东西。所以，"能量的本质是什么"这个问题也许很长一段时间内都不会有答案，因为能量就是我们这个宇宙的本质。

想象中的宇宙大爆炸

《流浪地球》的数理化

做一做

质量越大的物体，逃离地球越困难吗？

答案：昱明

　　虽然所有的物体逃离地球的速度都一样（这个速度也被称为"第一宇宙速度"），与物体本身的质量无关，但是质量越大的物体，逃离地球所需要的能量（动能）就越大，在相同的条件下，需要的推力也越大。所以，虽然逃逸速度与逃跑的物体本身的质量没有关系，但是确实质量更大的物体逃离地球会更困难。

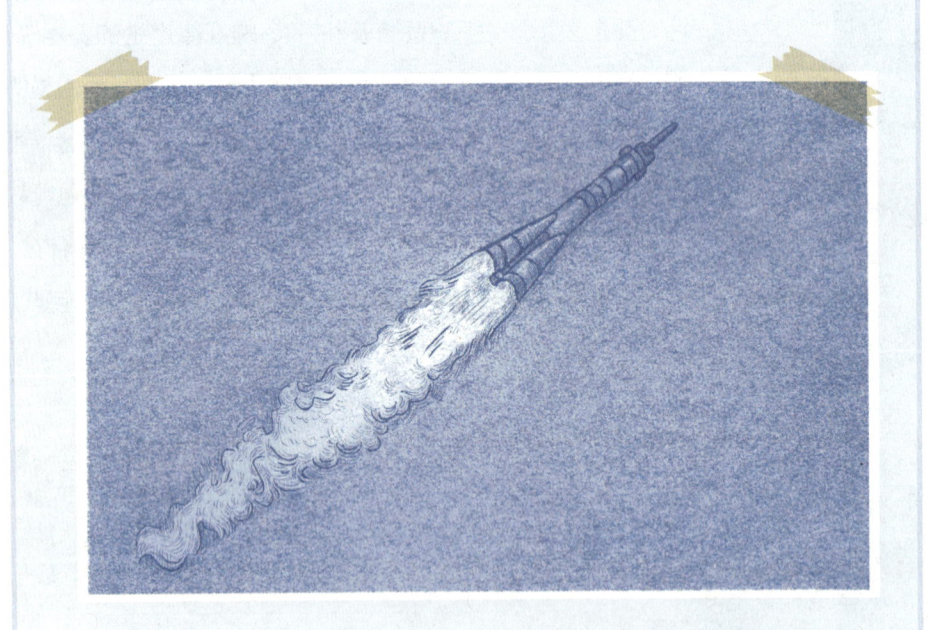

CHAPTER 2

第二篇 逃逸时代

·文明的动力·异化的四季·地下的灾难·奥运的际遇·神奇的武器·危险的穿越
·无尽的长夜·行星的交会·太阳的脸庞·恒星的终结

第一章
文明的动力

原文摘录

十五个漫长的回旋

　　学校要搬入地下城了，我们是第一批入城的居民。校车钻进了一个高大的隧洞，隧洞呈不大的坡度向地下延伸。走了有半个钟头，我们被告知已入城了，可车窗外哪有城市的样子？只看到不断掠过的错综复杂的支洞和洞壁上无数的密封门，在高高洞顶的一排泛光灯下，一切都呈单调的金属蓝色。想到后半生的大部分时光都要在这个世界中度过，我们不禁黯然神伤。

　　"原始人就住洞里，我们又住洞里了。"灵儿低声说，这话还是让小星老师听见了。

　　"没有办法的，孩子们，地面的环境很快就要变得很可怕很可怕，那时，冷的时候，吐一口唾沫，还没掉到地上呢，就冻成小冰块儿了；热的时候，再吐一口唾沫，还没掉到地上，就变成蒸气了！"

　　"冷我知道，因为地球离太阳越来越远了，可为什么还会热呢？"同车的一个低年级的小娃娃问。

　　"笨，没学过变轨加速吗？"我没好气地说。

　　"没有。"

第二篇 逃逸时代

灵儿耐心地解释起来，好像是为了缓解刚才的悲伤。

"是这样：跟你想的不同，地球发动机没那么大劲儿，它只能给地球很小的加速度，不能把地球一下子推出绕日轨道，在地球离开太阳前，还要绕着它转15个圈呢！在这15个圈中地球慢慢加速。现在，地球绕太阳转着一个挺圆的圈儿，可它的速度越快呢，这圈就越扁，越快越扁，越快越扁，太阳越来越移到这个扁圆的一边儿，所以后来，地球有时离太阳会很远很远，当然冷了……"

"可……还是不对！地球到最远的地方是很冷，可在扁圈的另一头儿，它离太阳……嗯，我想想，按轨道动力学，它离太阳还是现在这么近哪，怎么会更热呢？"

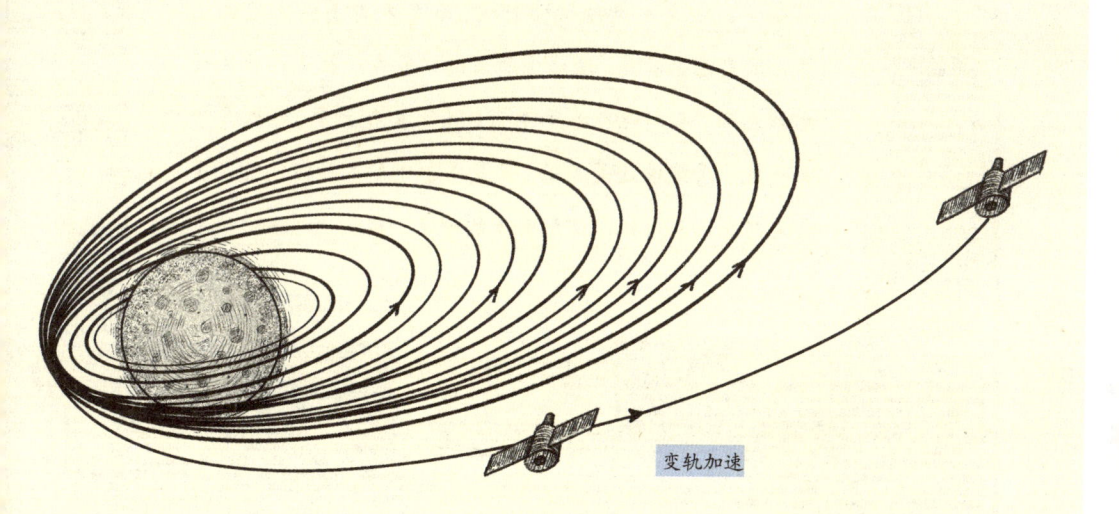

变轨加速

85

《流浪地球》的数理化

　　真是个小天才，记忆遗传技术使这样的小娃娃具备了成人的智力水平，这是人类的幸运，否则，像地球发动机这样连神都不敢想的奇迹，是不会在四个世纪内变成现实的。

　　我说："还有地球发动机呢，小傻瓜，现在，一万多台那样的大喷灯全功率开动，地球就成了火箭喷口的护圈了……你们安静点吧，我心里烦！"

　　我们就这样开始了地下的生活，像这样在地下500米处人口超过百万的城市遍布各个大陆。在这样的地下城中，我读完小学并升入中学。学校教育都集中在理工科上，艺术和哲学之类的教育被压缩到最少，人类没有这份闲心了。这是人类最忙的时代，每个人都有做不完的工作。很有意思的是，地球上所有的宗教在一夜之间消失得无影无踪，人们现在终于明白，就算真有上帝，他也是个王八蛋。历史课还是有的，只是课本中前太阳时代的人类历史对我们来讲就像伊甸园中的神话一样。

第二篇 | 逃逸时代

1 地下城时代

启程后，随着地球开始变轨加速，地面的环境变得越来越恶劣。在轨道的近日点，全功率开动的行星发动机让地面草木生烟；到了远日点，每一个寒冬都变得越来越严酷，就算是精心建造的人工环境也很难再继续维持人类的生存。于是，作为第一批入住的居民，孩子们转入巨型的地下城市，开始不见天日的生活。在末日危机的笼罩下，实用主义占了上风，哲学、宗教渐渐凋亡，人类社会的很多东西悄然无息地改变了。

小说中，还用一句话解释了推动科技在短短几百年的时间内跳跃式前进的推动力——"记忆遗传技术"。在作者另一篇科幻小说《乡村教师》里面，记忆遗传是外星人天然就拥有的能力，也是他们俯视地球，认为地球生物不具备产生和传承文明能力的原因。因为他们觉得，只有通过记忆遗传，才能在每代之间积累和传递知识，而这是文明进化所必需的。

2 记忆是什么？

这又是一个回答了但又没完全回答的问题。我们容易把记忆的过程比作在白纸上写字，而记忆就由一个一个的字组成。作为动词的"记忆"是大脑的一种活动，**词典上是这么定义的："记忆是人类心智活动的一种，人脑对经历过事物的识记、保持与再认"。**

从现代信息论（就是让计算机得以发明的基础理论）的角度来看，记忆更像是计算机处理信息的过程——对需要记忆的东西进行编码、储存，用的时候再搜索、提取出来。计算机用各种电路来存储信息，CD用可以反射激光的小坑来记录信息。大脑用什么来记忆呢？

87

《流浪地球》的数理化

现在，神经科学家们已经摸清了大脑的底层是如何处理和存储信息的，比如，信息是用神经细胞（也叫"神经元"）进行编码的，然后通过神经细胞的生物电信号从一个神经细胞传导到另一个神经细胞。在外部信息的刺激下，神经元会伸出成千上万条触手，彼此连接起来。刺激越强，连接就越强。他们也找到了记忆的大致藏身之所——神经元突触（神经细胞受到刺激长出的像触手一样的结构）的连接之中。

但是，这些并不能帮助我们理解记忆的本质和机制到底是什么。人的大脑比最复杂的超级计算机都要复杂很多倍，甚至可能是宇宙中最复杂的东西。记忆是大脑的活动，要理解它，就要深入了解大脑的运作机制，而我们现在对大脑的认识还非常粗略。

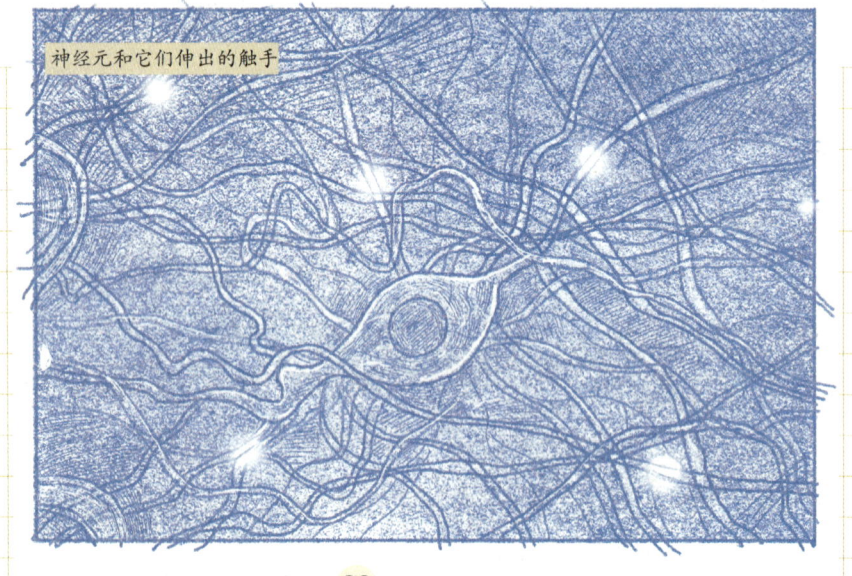

神经元和它们伸出的触手

比如，我们现在可以用医院经常用到的人体成像技术（类似CT、X光等）来观察大脑的活动情况。如果大脑在处理信息，那么在成像的图谱上就可以看到有电活动。首先，我们需要抓一个人，给他输点带有放射性的葡萄糖水，然后，我们把他放到扫描的机器里。

第一步，让他说几个字，比如"我很好，我没事"。这个时候，你会发现他大脑左边的一小团区域正在放电表示抗议，与此同时，葡萄糖的消耗量也增加了。这些反应证明了处理语言的地方在大脑的左侧。

第二步，对着他的耳朵，轻轻地说"你很好，你没事"，你会发现他大脑的中央在放电，说明处理声音用到的是大脑的中枢位置。

第三步，拿出一张纸，写上"你很好，你没事"，塞进机器给他看，这个时候，扫描出的图像会提示大脑后方的视觉功能区有了响应。

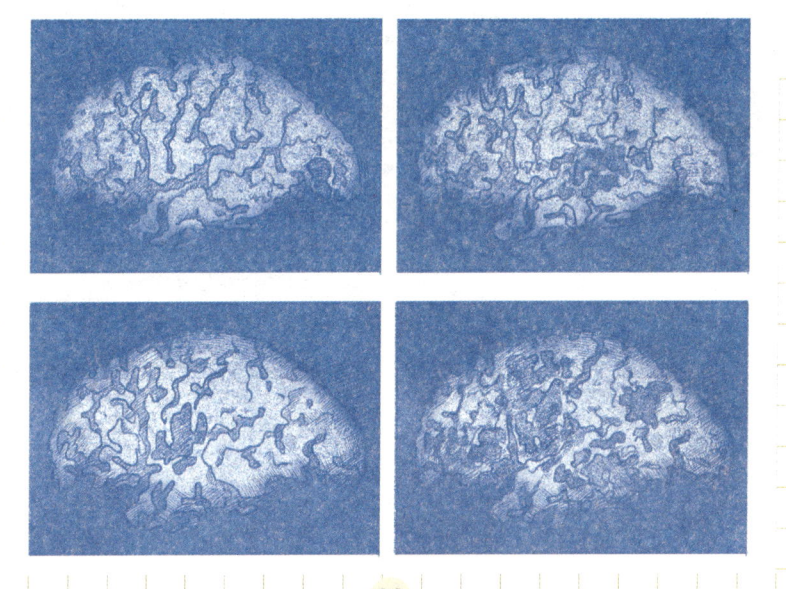

最后，让这个倒霉的人闭上眼睛保持安静，回想一下刚才看到的那几个字。此时的显示屏上，整个大脑就像灯泡一样亮了起来，各个区域都在活跃地放电。这个现象说明，即使在非常简单地处理信息，也是一件非常复杂的事情，需要调动大脑的很多区域。

记忆到底存储在哪里，细胞之上的层面，大脑是如何记忆的，我们还并没有弄清楚。所以，荷兰格罗宁根大学的心理学教授杜威·德拉埃斯马才会感叹道，人类直到今天对记忆的解释也只是一些粗浅的类比，还没有能力从科学的深度对记忆做一个本质而简朴的描述。

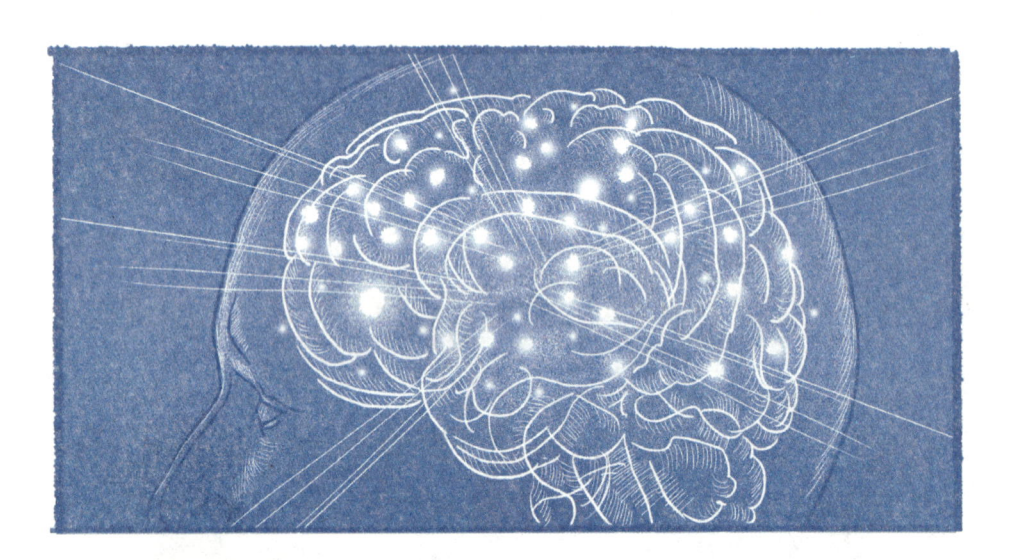

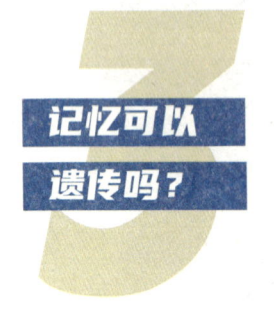

3 记忆可以遗传吗？

虽然我们对"记忆"还知之甚少，但并不影响我们对它充满想象和期待。科学家和科幻作家们纷纷设想或尝试记忆的遗传与复制，而"记忆是否能够遗传"也一直是一个充满争议的问题。

一方面，我们从来没有看到过人或动物身上有记忆遗传的现象。比如，博览群书的父母生下的孩子并不会自带任何关于书本或者知识的记忆，如果他们不去学习，可能一个字都不认识。这似乎说明后天取得的记忆、知识、技能等是不会直接遗传的。

另一方面，也有不少人认为，人类或者动物身上的很多与生俱来的行为，就是遗传了血缘记忆的表现。比如人类会天生害怕蛇，哪怕从来没有见过蛇或者被蛇咬过；有的小狗小猫会在亲近成年人的同时嫌弃小朋友，哪怕从来没有被人类幼崽欺负的经历。只有遗传了祖先或者父辈被这些物种攻击过的记忆，才能解释这些行为。

心理学家荣格认为，人类的这些反应是进化过程中留在大脑中的"集体潜意识"，就像计算机后台程序一样，人们不知道它的存在，它却会一代一代地传下去，偷偷影响和操控着人类的行为模式。

那么，记忆到底能不能遗传呢？

从科学的角度，我们知道，上一代与下一代之间，主要是通过生殖细胞里面的DNA（脱氧核糖核酸）来传递遗传信息的。对，这里的"核酸"和做核酸的那个"核酸"一样，是一种非常稳定、很少变化的遗传标志物。而据我们现在所知，人类的记忆是存储在大脑神经细胞受到外界刺激而产生的无数个突触上面的，离生殖细胞大概有十万八千里那么远。

所以，记忆这种后天产生的、存在于大脑之中的东西，似乎并没有什么途径去登上运输遗传物质的船。这个观点就是大名鼎鼎的"**生物学第二定律**"——"大脑活动对后代的命运没有任何影响"。有了它，记忆遗传的可能性从理论上就被判了死刑。

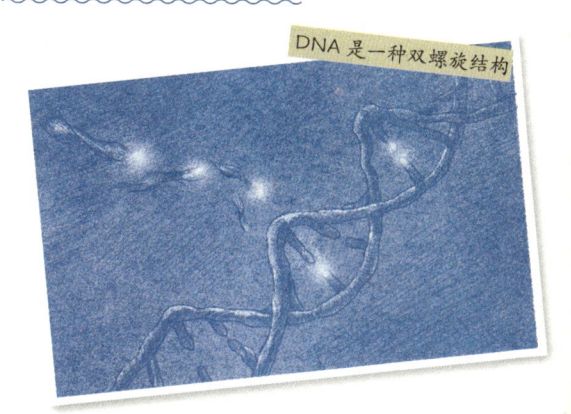

DNA是一种双螺旋结构

《流浪地球》的数理化

但是，研究人员并不甘心，他们想尽办法，进行各种各样关于记忆遗传的实验。终于，他们找到了一种好欺负的虫虫——线虫，它的基因数量几乎和人类一样，非常适合做研究。

实验人员发现，当温度变高，一部分线虫仍然可以顺利地找到食物，而另一部分线虫会蒙圈，不知道怎么寻找食物。线虫在炎热环境下觅食的能力是身体里面一种叫作"小RNA"的核酸提供的。而另一种叫作"RDE-4"的蛋白，就是合成小RNA的关键。

一开始，实验人员去掉了线虫身体里的RDE-4蛋白，这样就无法合成小RNA，使线虫成为觅食困难户。随后，他们又在线虫的神经细胞中加入了RDE-4蛋白，这样线虫就可以通过大脑里面的神经活动来产生小RNA。

实验中他们看到，在神经细胞中重新拥有了蛋白的线虫觅食本领又恢复了。这个结果证明了神经细胞中产生的小RNA也可以影响线虫的觅食行为。但实验到这里才真正开始，研究人员让这些线虫和另一些缺乏RDE-4蛋白的线虫进行杂交，三代之后，一些线虫后代也得了蛋白缺乏症。

按理说，它们应该失去了高温下寻找食物的能力，但是研究结果却出人意料——失去了蛋白的线虫在炎热的天气里仍然能够轻松地找到食物，生存技能拉满，就好像从爷爷奶奶那里复制了高温觅食作业指导书一样。

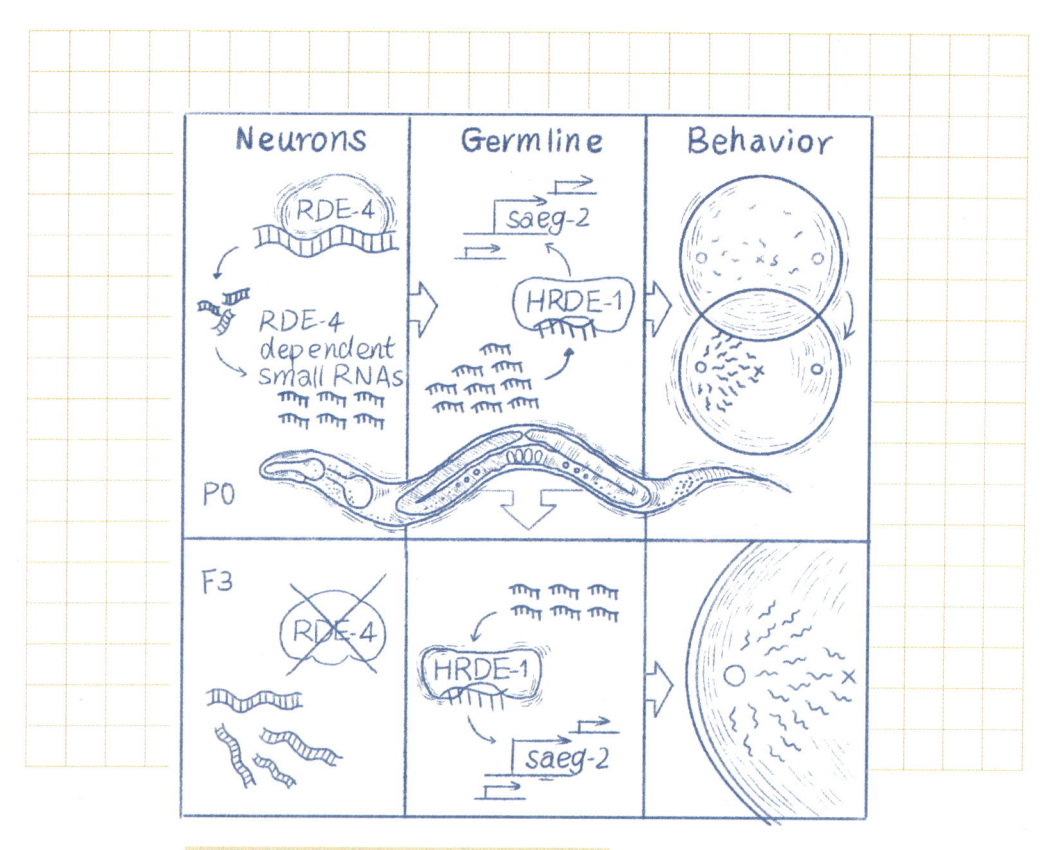

特拉维夫大学生命科学学院和神经科学学院对
线虫记忆遗传的研究

  这项研究证明了线虫的神经细胞可以跟生殖细胞进行信息交流，然后通过生殖细胞遗传下去，让人类制造出来的有缺陷的虫虫也能拥有正常的生活。
  此外，科学家们还进行了另外一项奇妙的实验，通过移植被电击过的线虫的RNA，让从来没有被电击过的小虫拥有了关于电击的可怕记忆。目前，我们还不知道这些记忆遗传和移植的机制是否可以复制到人类身上去，如果可以，将会终结关于记忆能否遗传的争论，并且给人类的医学和文明带来难以想象的改变。

做一做

以下哪些可以作为遗传物质？

A. DNA（脱氧核糖核酸）

B. RNA（核糖核酸）

C. 蛋白质

D. 线粒体

答案：ABCD

　　绝大多数的生物都是依靠 DNA 来遗传的。极少数的病毒，比如部分流感病毒通过 RNA 来遗传，朊病毒比较特殊，它的遗传物质是蛋白质。线粒体中含有 DNA，一般通过母系遗传给后代。

第二章
异化的四季

原文摘录

宇宙俄罗斯轮盘赌

父亲是空军的一名近地轨道宇航员,在家的时间很少。记得在变轨加速的第五年,在地球处于远日点时,我们全家到海边去过一次。运行到远日点顶端那一天,是一个如同新年或圣诞节一样的节日,因为这时地球距太阳最远,人们都有一种虚幻的安全感。像以前到地面上去一样,我们必须穿上带有核电池的全密封加热服。外面,地球发动机林立的刺目光柱是主要能看见的东西,地面世界的其他部分都淹没于光柱的强光中,也看不出变化。

我们乘飞行汽车飞了很长时间,到了光柱照不到的地方,到了能看见太阳的海边。这时的太阳只有棒球大小,一动不动地悬在天边,它的光芒只在自己的周围映出了一圈晨曦似的亮影,天空呈暗暗的深蓝色,星星仍清晰可见。举目望去,哪有海呀,眼前是一片白茫茫的冰原。在这封冻的大海上,有大群狂欢的人。焰火在暗蓝色的空中绽放,冰冻海面上的人们以一种反常的情绪狂欢着,到处都是喝醉了在冰上打滚儿的人,更多的人在声嘶力竭地唱着不同的歌,都想用自己的声音压住别人。

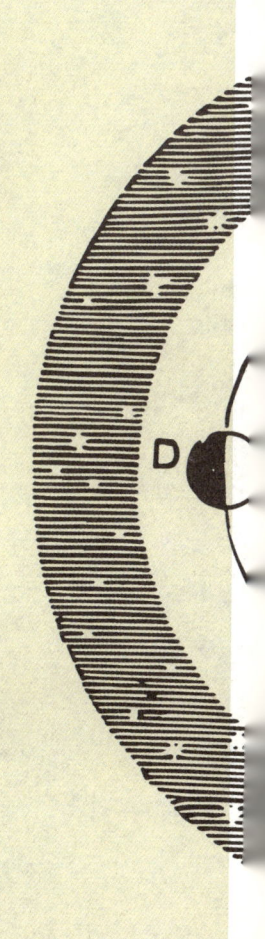

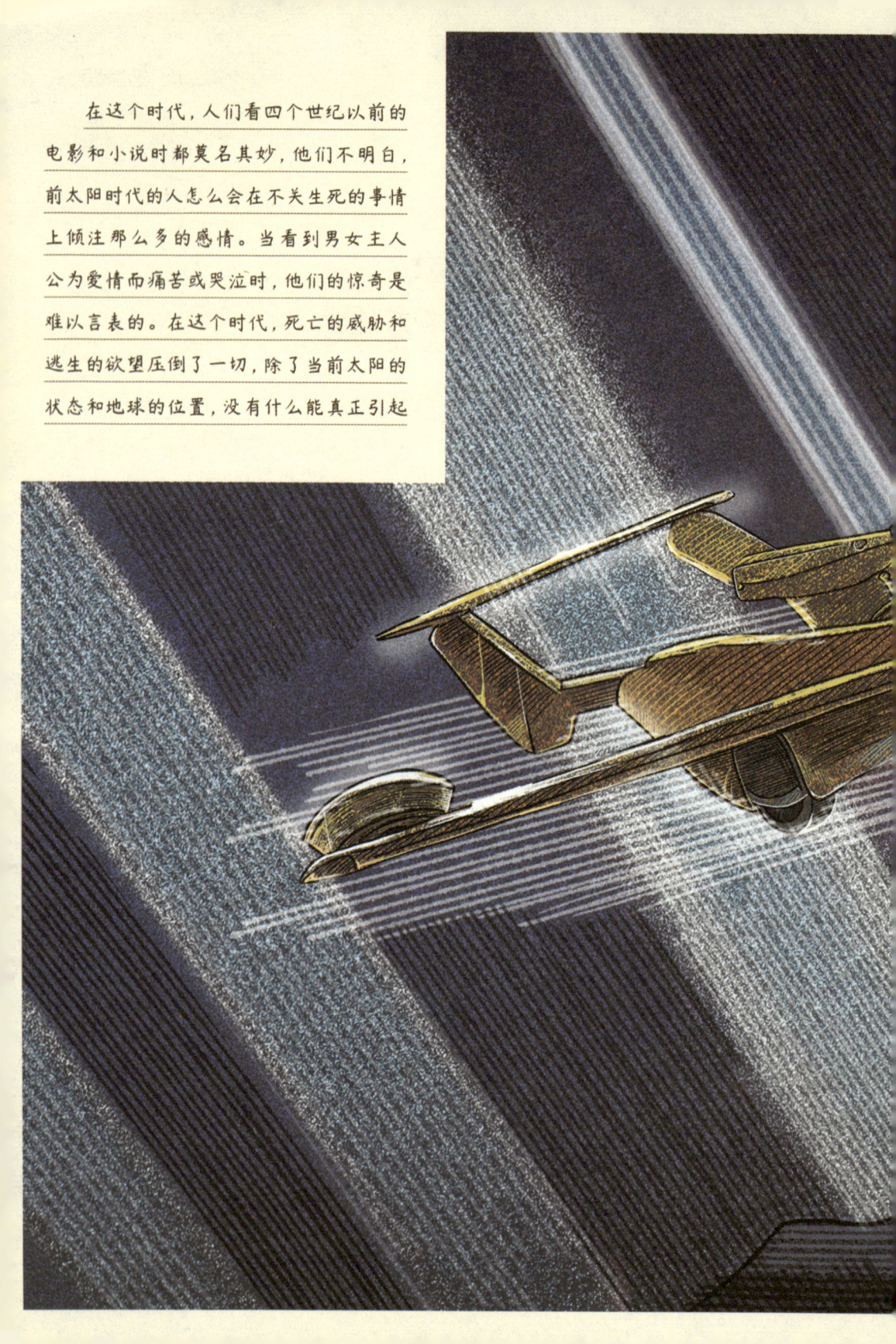

在这个时代，人们看四个世纪以前的电影和小说时都莫名其妙，他们不明白，前太阳时代的人怎么会在不关生死的事情上倾注那么多的感情。当看到男女主人公为爱情而痛苦或哭泣时，他们的惊奇是难以言表的。在这个时代，死亡的威胁和逃生的欲望压倒了一切，除了当前太阳的状态和地球的位置，没有什么能真正引起

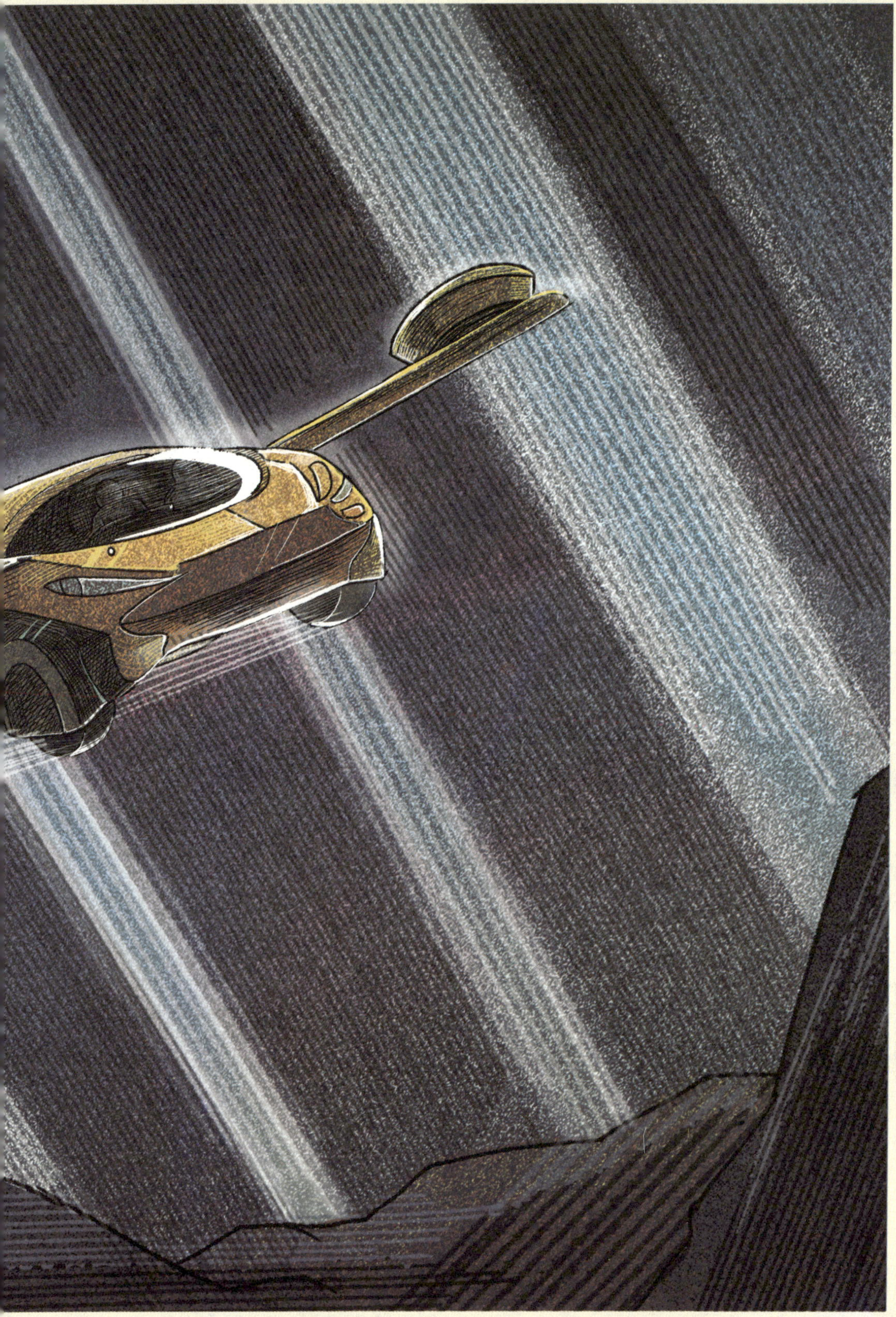

他们的注意并打动他们了。这种注意力高度集中的关注,渐渐从本质上改变了人类的心理状态和精神生活,对于爱情这类东西,他们只是用余光瞥一下而已,就像赌徒在盯着轮盘的间隙抓住几秒钟喝口水一样。

有一天,新闻报道海冰在融化,于是我们全家又到海边去。地球正在通过火星轨道,按照这时太阳的光照量,地球的气温应该仍然是很低的,但由于地球发动机的影响,地面的气温正适宜。能不穿加热服或冷却服去地面,那感觉真令人愉快。地球发动机所在的这个半球天空还是那个样子,但到达另一个半球时,真正感到了太阳的临近:天空是明朗的纯蓝色,太阳在空中已同起航前一样明亮了。可我们从空中看到海冰并没融化,还是一片白色的冰原。当我们失望地走出飞行汽车时,听到惊天动地的隆隆声,那声音仿佛来自这颗星球的最深处,真像地球要爆炸一样。

"这是大海的声音!"爸爸说,"因为气温骤升,厚厚的冰层受热不均匀,这很像陆地上的地震。"

突然,一声雷霆般尖厉的巨响插进这低沉的隆隆声中,我们后面看海的人们欢呼起来。我看到海面上裂开一道长缝,其开裂速度之快

如同广阔的冰原上突然出现的一道黑色闪电。接着，在不断的巨响中，这样的裂缝一条接一条地在海冰上出现，海水从所有的裂缝中喷出，在冰原上形成一条条迅速扩散的急流……

回家的路上，我们看到荒芜已久的大地上，野草在大片大片地钻出地面，各种花朵在怒放，嫩叶给枯死的森林披上绿装……所有的生命都在抓紧时间焕发着活力。

随着地球和太阳的距离越来越近，人们的心也一天天揪紧了。到地面上来欣赏春色的人越来越少，大部分人都深深地躲进了地下城中，这不是为了躲避即将到来的酷热、暴雨和飓风，而是躲避那随着太阳越来越近的恐惧。有一天，在我睡下后，听到妈妈低声对爸爸说："可能真的来不及了。"

爸爸说："前四个近日点时也有这种谣言。"

"可这次是真的，我是从钱德勒博士夫人口中听说的，她丈夫是航行委员会的那个天文学家，你们都知道他的。他亲口告诉她，已观测到氦的聚集在加速。"

"你听着，亲爱的，我们必须抱有希望，这并不是因为希望真的存在，而是因为我们要做高贵的人。在前太阳时代，做一个高贵的人必须拥有金钱、权力或才能，而在今天，你只需要拥有希望，希望是这个时代的黄金和宝石，不管活多长，我们都要拥有它！明天把这话告诉孩子。"

和所有的人一样，我也随着近日点的到来而心神不定。有一天放学后，我不知不觉走到了城市中心广场，在广场中央有喷泉的圆形水池边呆立着，时而低头看着蓝莹莹的池水，时而抬头望着广场圆形穹顶上梦幻般的光波纹，那是池水反射上去的。这时，我看到了灵儿，她拿着一个小瓶子和一根小管儿，在吹肥皂泡。每吹出一串，她都呆呆地盯着空中飘浮的泡泡，看着它们一个个消失，然后再吹出一串……

"都这么大了还干这个，这好玩吗？"我走过去问她。

灵儿见了我以后喜出望外："我俩去

《流浪地球》的数理化

旅行吧！"

"旅行？去哪？"

"当然是地面啦！"她挥手在空中划了一下，用手腕上的计算机甩出一幅全息景象，显示出一个落日下的海滩。微风吹拂着棕榈树，一道道白浪，金黄的沙滩上有一对对的情侣，他们在铺满碎金的海面前呈一对对黑色的剪影。"这是梦娜和大刚发回来的，他俩现在还满世界转呢，他们说外面现在还不太热，外面可好呢，我们去吧！"

"他们因为旷课刚被学校开除了。"

"哼，你根本不是怕这个，你是怕太阳！"

"你不怕吗？别忘了你因为怕太阳还看过精神病医生呢。"

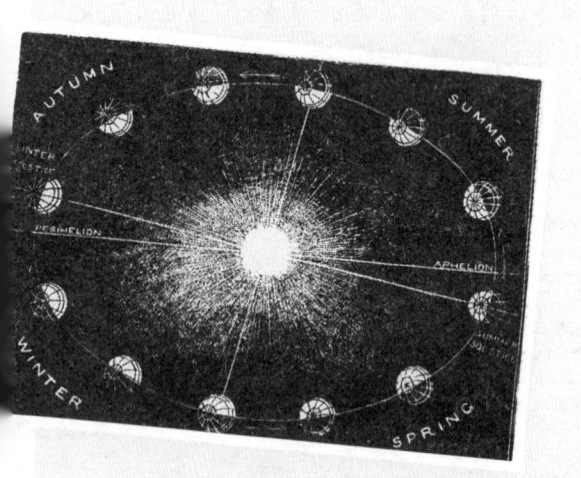

"可我现在不一样了，我受到了启示！你看，"灵儿用小管儿吹出了一串肥皂泡，"盯着它看！"她用手指着一个肥皂泡说。

我盯着那个泡泡，看到它表面上光和色的狂澜，那狂澜以人的感觉无法把握的复杂和精细在涌动，好像那个泡泡知道自己生命的长度，疯狂地把自己浩如烟海的记忆中无数的梦幻和传奇向世界演绎。很快，光和色的狂澜在一次无声的爆炸中消失了，我看到了一小片似有似无的水汽，这水汽也只存在了半秒钟，然后什么都没有了，好像什么都没有存在过。

"看到了吗？地球就是宇宙中的一个小水泡，啪一下，什么都没了，有什么好怕的呢？"

"不是这样的，据计算，在氦闪发生时，地球被完全蒸发掉至少需要一百个小时。"

"这就是最可怕之处了！"灵儿大叫起来，"我们在这地下500米，就像馅饼

100

里的肉馅一样，先给慢慢烤熟了，再蒸发掉！"

一阵冷战传遍我的全身。

"但在地面就不一样了，那里的一切瞬间被蒸发，地面上的人就像那泡泡一样，啪一下……所以，氦闪时还是在地面上为好。"

不知为什么，我没同她去，她就同阿东去了，我以后再也没见到他们。

氦闪并没有发生，地球高速掠过了近日点，第六次向远日点升去，人们绷紧的神经松弛下来。由于地球自转已停止，在太阳轨道的这一面，亚洲大陆上的地球发动机面朝地球的运行方向，所以在通过近日点前都停了下来，只是偶尔做一些调整姿态的运行，我们这儿处于宁静而漫长的黑夜之中。美洲大陆上的发动机则全功率运行，那里成了火箭喷口的护圈。由于太阳这时正处于西半球，那儿的高温更是可怕，草木生烟。

地球的变轨加速就这样年复一年地进行着。每当地球向远日点升去时，人们的心也随着地球与太阳距离的日益拉长而放松；而当它在新的一年向太阳跌去时，人们的心一天天紧缩起来。每次到达近日点，社会上就谣言四起，说太阳氦闪就要在这时发生了；直到地球再次升向远日点，人们的恐惧才随着天空中渐渐变小的太阳平息下来，但又在酝酿着下一次的恐惧……人类的精神像在荡着一个宇宙秋千，更恰当地说，在经历着一场宇宙俄罗斯轮盘赌：升上远日点和跌向太阳的过程是在转动弹仓，掠过近日点时则是扣动扳机！每扣一次时的神经比上一次更紧张，我就是在这种交替的恐惧中度过了自己的少年时代。其实仔细想想，即使在远日点，地球也未脱离太阳氦闪的威力圈，如果那时太阳爆发，地球不是被气化而是被慢慢液化，那种结果还真不如在近日点。

《流浪地球》的数理化

1 我们和太阳的距离

地球开始驶离，生活仍将继续。后太阳时代的启航阶段，头顶着一个可能会随时爆炸的巨型核弹，人们的心情就随着地球围着太阳绕圈画的那一个个越来越扁的椭圆，被划分成了欢乐和恐惧的两极。人们在远日点穿上厚厚的防护服到海边狂欢度假，在近日点躲进深深的地下惶惶不可终日，在不远不近、温度适宜的日子里冒出头来，和新生的野草一起享受短暂的温暖和平静。和太阳的距离主宰了人们的喜怒哀乐，甚至淘汰了人类社会一些"多余"的事物。在全人类的生存随时受到威胁的世界里，爱情逐渐消失了。

2 近日点和远日点的切换是四季形成的原因吗？

小说里，逃跑的地球绕着太阳做椭圆运动，于是地球上有了比前太阳时代更加分明的四季。离太阳近的时候，是烧毁一切的酷暑，离太阳远的时候，是冰封一切的寒冬。我们知道，地球围绕着地轴旋转，于是有了白天和黑夜；地球围绕着太阳旋转,于是有了春夏秋冬。地球公转的轨道并不是一个严格的正圆,而是一个略微扁一点的椭圆形。那么,很容易就可以推测出,现在地球上的四季也应该是因为和太阳的距离不同而造成的吧?

的确,太阳辐射的强度会随着太阳和地球距离的变远而降低,并且和距离的平方成反比。比如,把南瓜挖空,在中心放上一个灯泡,假设南瓜是个标准的圆球,按照球体表面积的计算公式,南瓜表面离中心的距离每增加一倍,接收到的灯泡辐射能量的强度就会减弱到原来的四分之一。但是,离太阳的距离却不是地球四季分明的原因。

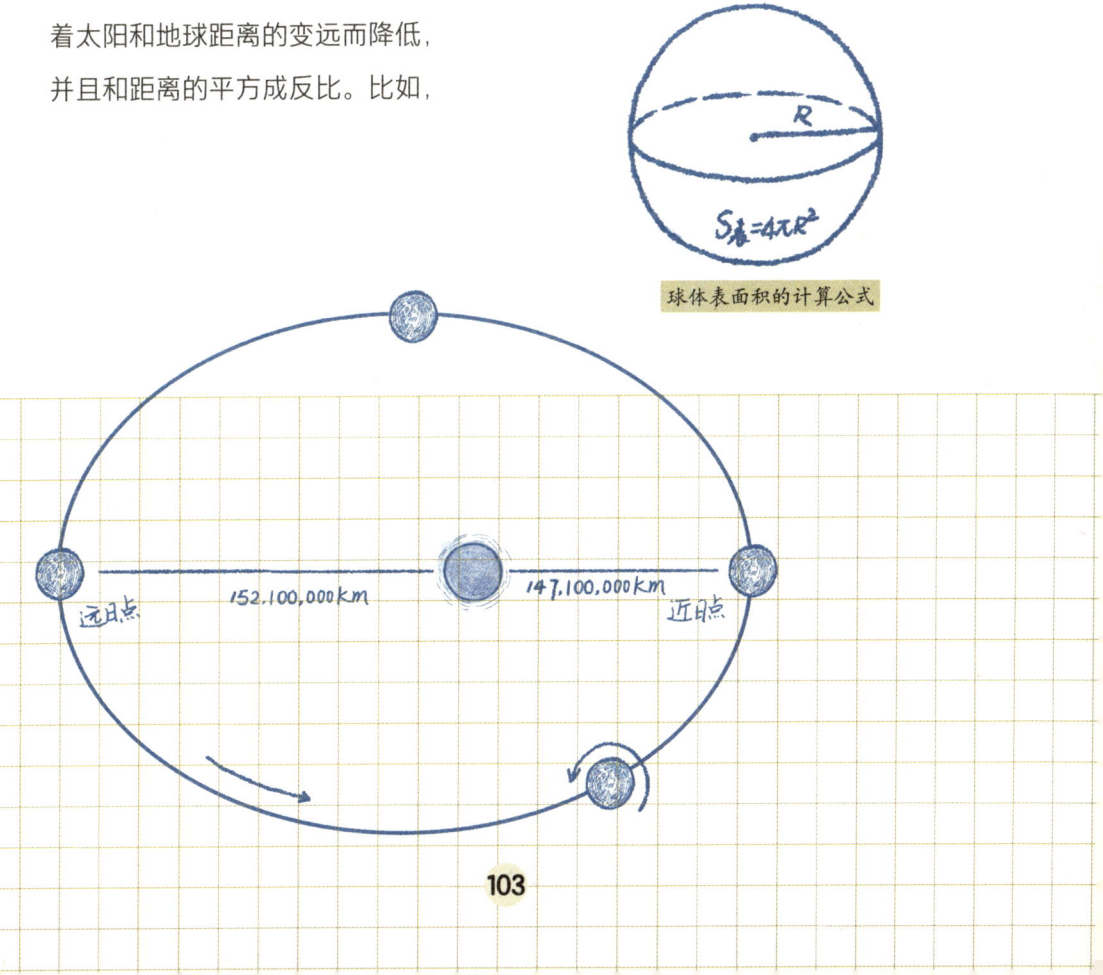

球体表面积的计算公式

$S_{球} = 4\pi R^2$

远日点 152,100,000km 147,100,000km 近日点

| 《流浪地球》的数理化 |

　　如果你曾经在寒暑假环球旅行过，就可能会知道，每年的 1 月份，地球的北半球是冬天，南半球是夏天，而这个时候，地球运行的位置在离太阳最近的地方。每年 7 月份，地球来到了远日点，这个时候地球北半球是夏天，南半球变成了冬天。这是怎么回事？难道不应该近日点的时候是夏天，远日点的时候是冬天吗？为什么会跟我们的直觉不一样呢？

　　季节的变化本质上是气温的变化。我们来看看与太阳距离的差异对地球的温度变化能产生多大的影响。 在近日点，地球和太阳的距离是 14710 万公里，在远日点的距离则是 15210 万公里，二者相差约 500 万公里。这点距离只占地日平均距离的 3.3% 左右。这个差距带来的辐照能量的差异只有大概 7%，对地球大气温度的影响非常小。在这种情况下，仅仅依靠围着太阳绕圈儿是不会产生四季的。

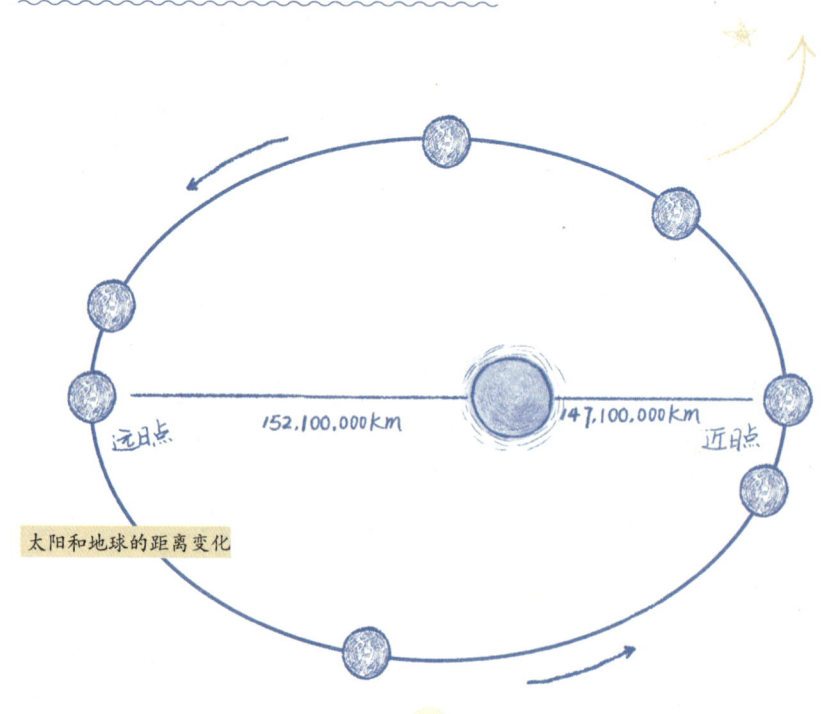

太阳和地球的距离变化

3 是什么造就了四季？

如果和离太阳的远近无关，四季又是怎么产生的呢？

再次拿出地球仪转动一下，你会看到，地球并不是垂直地"站"着，而是"斜躺"着自转的。正是这个倾斜的角度，让地球有了四季。

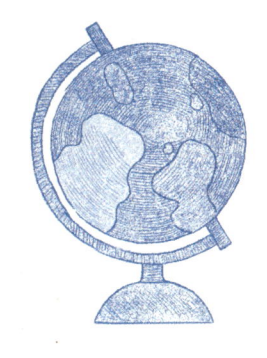

等一等，我们说的"垂直"到底是什么意思呢？在宇宙空间中，难道还能分出上下左右吗？实际上，"垂直"是针对地球围绕太阳公转的轨道平面来说的，就是绕圈的椭圆形成的那个平面，我们把它叫作"黄道面"。从地球仪上可以看到，地球的赤道平面（经过地心并且与地球自转的轴线垂直的面）总是和黄道面保持着

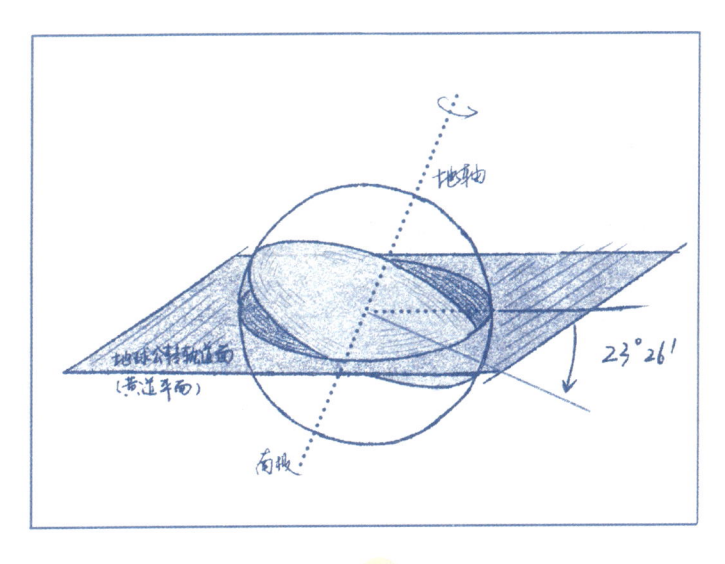

《流浪地球》的数理化

一个大约 23 度的夹角。这个夹角就是"黄赤交角"。

看演唱会的时候，黑暗中顶棚上一束灯光直射到舞台上，形成的光斑是一个正圆。如果灯筒转动方向，变换角度，斜射下来的光斑会形成一个比正圆更大的椭圆。在同样的一段时间内，灯光照射的总热量是不变的，所以正圆里的演员会觉得比椭圆里的演员更热。灯光越斜，椭圆越大，被照射的地方温度就越低。地球也是同样的道理，有了"黄赤交角"，地球在绕着太阳公转的时候，就像是灯光固定不动，舞台开始旋转，变换角度，这样阳光射入的角度就会随着公转位置的不同而发生变化，温度也会随之发生变化。阳光直射的地方气温更高，阳光斜射的地方温度更低。而地球的舞台更大，椭圆和正圆面积的差异也会大得多，可以达到数倍以上，足以形成非常明显的温差了。

温度是决定季节的主要因素。于是，太阳光直射的地方温度最高，是夏季；斜射的地方根据斜射角度的不同而被分为不同的季节。当然，只有阳光直

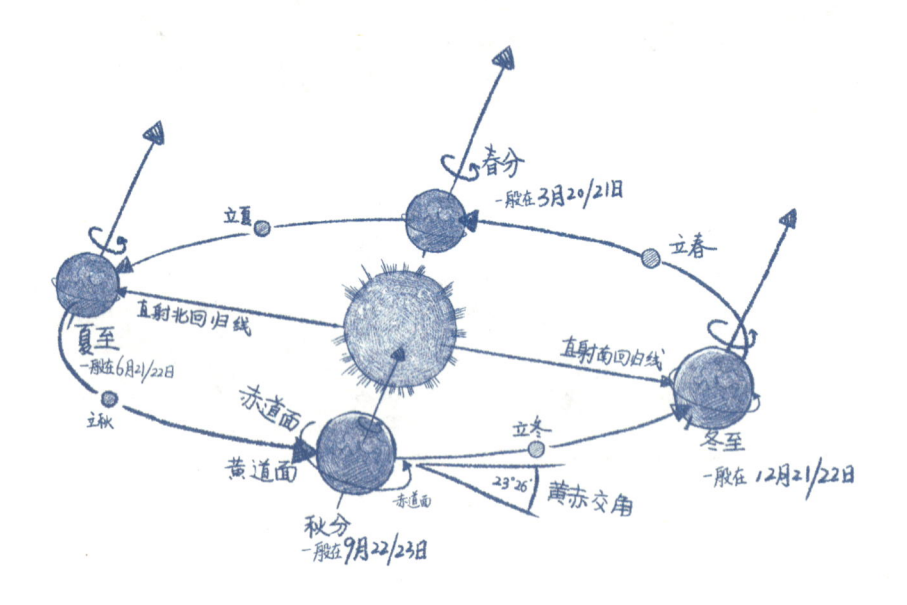

106

第二篇｜逃逸时代

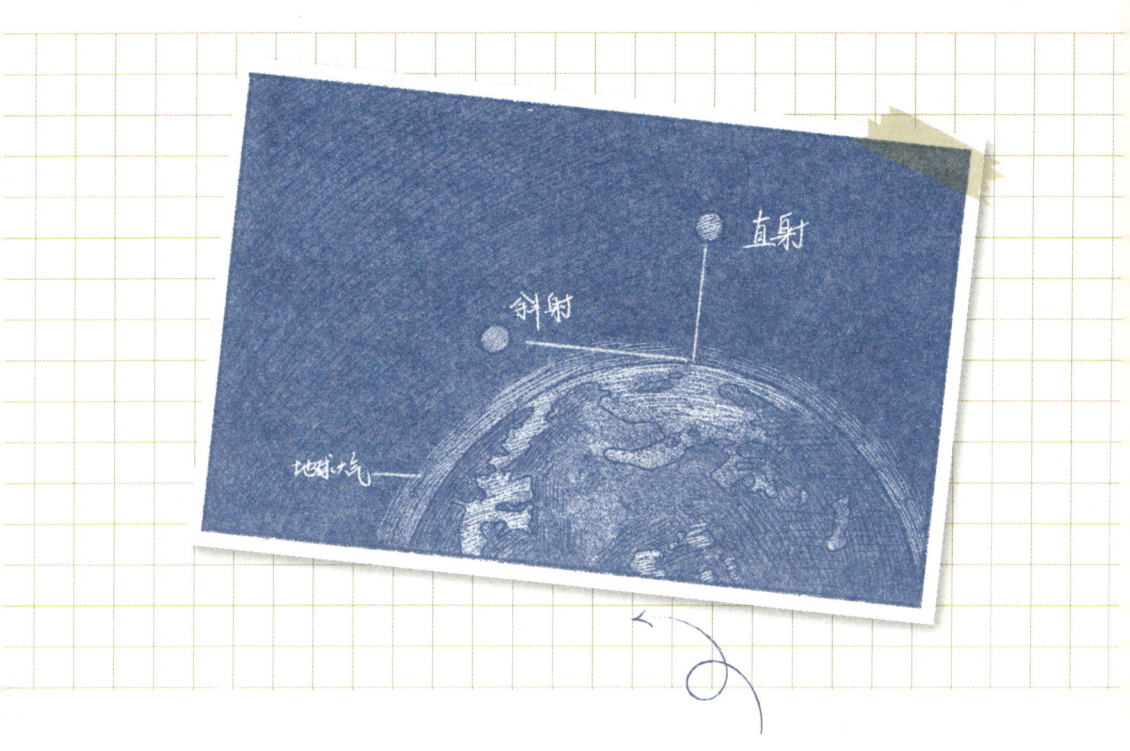

射和斜射的差别，地球上的季节还不会轮流变换，只有当地球斜着身子绕太阳公转起来的时候，一年中不同的时候太阳照射地球上每个区域的角度才会不停地变化，一年四季才得以更替。

除了太阳光射入的角度导致的光斑面积变化会左右季节的变化，还有一双隐藏的手也会操控气温，放大阳光射入的角度对温度的影响，这双手就是地球的大气层。大气层是一种可以将阳光散射出去的物质，就像地球的外套一样，在阳光射入的时候能够阻挡一部分光到达靠近地面的位置，避免地球的皮肤被太阳暴晒。而当阳光斜射的时候，在大气层中经过的距离比直射的时候更长，有时甚至可以达到直射的很多倍，所以一路上丢失的能量也就更多。有了大气层，直射与斜射产生的温度差异就更大了。于是，四季更加分明了。

《流浪地球》的数理化

做一做

如果地球站着公转，世界会发生什么变化？

A. 一年四季消失

B. 现代大规模种植农业消失

C. 畜牧业消失

D. 人类患病率和死亡率飙升

答案：ABD

如果地球站着公转，不再有倾角，那么地球上任何一个地方阳光射入的角度都不会变化，四季将会消失。

农业种植大多是季节性植物，小麦、土豆、玉米等人类的主要农作物更喜欢在寒冷的地方生长，季节消失会让现代大规模的种植农业成为不可能。

失去倾角后，太阳的直射点将永远正对赤道，赤道附近会更热，两极周围会更冷。人类和动植物很难在持续的冬天中生存，会更多地聚集到热带附近。热带生物种类丰富，温暖潮湿的环境是蚊虫和疾病滋生的良好土壤。失去冬天的庇护，人类将面临非常严重的以昆虫为媒介的疾病的威胁。

第二篇 逃逸时代

第三章
地下的灾难

原文摘录
岩浆突袭地下城

在逃逸时代，大灾难接踵而至。

由于地球发动机产生的加速度及运行轨道的改变，地核中铁镍核心的平衡被扰动，其影响穿过古腾堡不连续面，波及地幔。各个大陆地热逸出，火山爆发，这对于人类的地下城市是致命的威胁。从第六次变轨周期后，在各大陆的地下城中，岩浆渗入，灾难频繁发生。

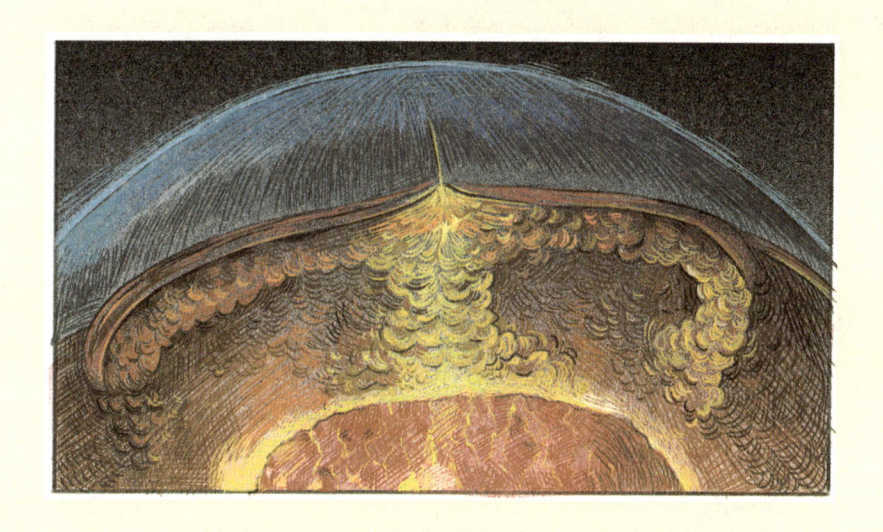

《流浪地球》的数理化

　　那天当警报响起来的时候,我正走在放学回家的路上,听到市政厅的广播:"F112市全体市民注意,城市北部屏障已被地应力破坏,岩浆渗入!岩浆渗入!现在岩浆流已到达第四街区!公路出口被封死,全体市民到中心广场集合,通过升降梯向地面撤离。注意,撤离时按《危急法》第五条行事,强调一遍,撤离时按《危急法》第五条行事!"

　　我环视了一下四周迷宫般的通道,地下城现在看上去并没有什么异常。但我知道现在的危险:只有两条通向外部的地下公路,其中一条去年因加固屏障的需要已被堵死,如果剩下的这条也堵死了,就只有通过经竖井直通地面的升降梯逃命了。升降梯的载运量很小,要把这座城市的36万人运出去需要很长时间,但也没有必要去争夺生存的机会,联合政府的《危急法》把一切都安排好了。

　　古代曾有过一个伦理学问题:当洪水到来时,一个只能救走一个人的男人,是去救他的父亲呢,还是去救他的儿子?在这个时代的人看来,提出这个问题很不可理解。

　　当我到达中心广场时,看到人们已按年龄排起了长长的队。最靠近电梯口的是由机器人保育员抱着的婴儿,然后是幼儿园的孩子,再往后是小学生……我排在队伍中间靠前的部分。爸爸现在在近地轨道值班,城里

只有我和妈妈,我现在看不到妈妈,就顺着长长的队伍跑,没跑多远就被士兵拦住了。我知道她在最后一段,因为这座城市是学校集中地,家庭很少,她已经算年纪大的那批人了。

长队以让人心里着火的慢速度向前移动,三个小时后轮到我跨进升降梯时,心里一点都不轻松,因为这时在妈妈和生存之间,还隔着两万多名大学生呢!而我已闻到了浓烈的硫黄味……

我到地面两个半小时后,岩浆就在500米深的地下吞没了整座城市。我心如刀绞地想象着妈妈的最后时刻:她同没能撤出的18000人一起,看着岩浆涌进市中心广场。那时,已经停电,整个地下城只有岩浆那可怖的暗红色光芒。广场那高大的白色穹顶在高温中渐渐变黑,所有的遇难者可能还没接触到岩浆,就被这上千度的高温夺去了生命。

《流浪地球》的数理化

1 反方向的灾难

当人们还在为天上的问题担忧，地下就已经开始危机四伏了。地球运动姿态的改变扰动了地核的平衡，并且波及地幔。地幔的岩浆溢出地表的过程中，地下城灾难频发。末日的威胁重塑了人类世界的价值观和生命优先级。在一次岩浆的突袭中，一座编号为 F112 的城市遭受了灭顶之灾。在预先安排好的撤退中，主角失去了他"撤离优先等级"不高的母亲。

被摧毁的杭州发动机

电影中，地球失去一半的动力，迅速被木星的引力捕获

在《流浪地球》电影里，把这场灾难设定在位于杭州的地下城。地下城之上，是一座行星发动机，一直稳定运行了三十余年。靠近木星的时候，木星巨大的引力引发了全球性的地震，包括杭州在内的上千座发动机受到不同程度的损坏，地震和熔岩摧毁了杭州地下城。不同的是，总共 36 万人的城市，小说里近 35 万人顺利撤退，而电影中 35 万人被地震和岩浆夺去了生命。

为什么地下这么危险？

可能你不太相信，我们对自己生活的这颗星球也许并不比对天上的星星了解得更多。现在人类已经可以登上月球，往火星上发射探测器，用巨大的天文望远镜观看恒星的一生，向上探索到数百亿光年之外的宇宙边缘……但是向下，人类在地壳上钻得最深的井也不过15公里（埃克森石油天然气公司于2017年11月在库页岛萨哈林-1号项目实施的鄂霍次克海Chaivo油田Orlan平台所完成的"世界之最"钻井），连薄薄的一层地壳都还没钻透。关于地球里面到底是什么，只能靠火山爆发的岩浆和地震波传递的信息来分析和猜想。人类可以准确预测一颗看不见的行星的存在，却很难预测地震和火山什么时候爆发。**难以触及的地球内部，对于想要深入探索和定居的人类来说，确实是一个非常危险的存在。**

那么，关于地球，我们现在都知道些什么呢？小说里面失衡的"古腾堡不连续面"又是什么呢？

其实，地球内部有两个不连续面，另外一个叫作"莫霍不连续面"。之所以知道这两个面的存在，也是地震波告诉我们的。跟光波、声波等所有的波一样，地震波在不同物质中的传播速度也是不同的。地球内部地震波传播速度变化很大的地方，我们就把它当作分隔不同物质的界面。

《流浪地球》的数理化

1909年，奥地利地震学家莫霍洛维奇发现，当地震波通过地下33公里处时，纵波速度由每秒7.6公里增加到每秒8.1公里，横波速度由每秒4.2公里增加到每秒4.6公里，在这个位置，存在着一个明显的不连续面。后面陆续在全球各地都观测到了这个不连续面，于是人类发现了地壳之下还有一层和地壳不一样的物质——地幔，并把这个分隔地球表皮与地幔的界面称为"莫霍洛维奇面"，即"莫霍不连续面"。

5年之后的1914年，美籍德国地震学家古腾堡观测到，莫霍面向下，地震波持续增大，在地下大约2900公里的地方，纵波速度从每秒13.64公里突然降为每秒8.1公里，而本来跑得很欢快的横波，到了这个地方竟然消失不见了。于是，我们又发现了地核的存在。"古腾堡不连续面"就是地幔和地核的分界面。

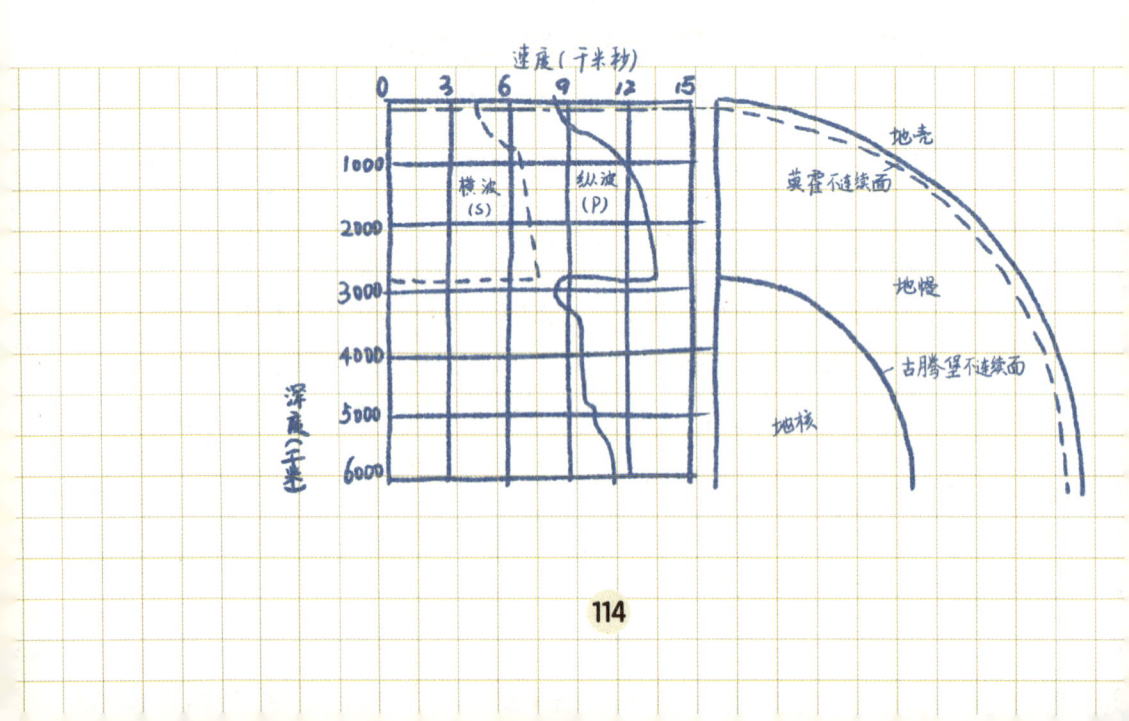

根据地球内部发来的加密电报，地球物理学家们得以画出地球的解剖图：地球是由不同状态、不同物质组成的三个同心圈层构成，从外到内分别是：地壳、地幔和地核。就像一个鸡蛋，地壳是鸡蛋外面那层薄薄的蛋壳，地幔是蛋白，而地核就是最里边的蛋黄。

地壳是一层薄薄的岩石外壳，外壳分为三层：最上面是一层沉积岩、风化土和海水，我们肉眼就能看到；再往下一层是花岗岩一类的岩石，主要成分是硅和铝，如果你想试试它的触感，可以去步行街的路口摸一摸那些用来挡车的大圆球；地壳最下面的一层是玄武岩和辉长岩类的岩石，主要成分是硅和镁，我们居住的楼房所用的混凝土里就有玄武岩。整个地壳的平均厚度是33公里左右，大陆上的地壳要厚一些，在青藏高原，甚至可以达到60~70公里。海洋下面的地壳比较薄，最薄的地方不到8公里。地壳每往下1公里，温度就会升高30℃。如果地面上此刻是冬天，往下走一公里就变成了酷暑。所以，地下城的保暖性能应该非常好，足以抵御远离太阳带来的严寒。

《流浪地球》的数理化

地幔是一圈厚厚的岩浆，夹在地壳和地核之间。地幔的厚度有 2900 公里左右，体积占地球总体积的 83%，质量占整个地球的 66%。地幔也分为上下两层：上地幔的深度可以达到 1000 公里。我们现在知道最深的地震发生在地下 700 公里的地方，也就是上地幔的中部。地幔的物质可能是固态的，也可能像橡皮泥一样可以随意造型，如果地壳的某个地方出现裂缝，上地幔的物质就会从地面的破洞——火山口中喷出来，变成赤热的熔岩。所以，我们可以通过分析火山喷发出来的物质，推测上地幔靠近地壳的一层，应该是一些橄榄岩之类坚硬的岩石；下地幔离地面 1000~2900 公里，它由什么组成，目前基本只能靠猜。职业猜测家，不，职业地质学家们认为，它可能比上地幔含有更多的铁。

地幔再往里就是地球的中心，小说中提到的"铁镍核心"——地核。地核是一个密度非常高的、炽热的金属熔炉，半径 3000 公里左右。地核也分为两层：外核

和内核。外核厚度大概在 1800 公里，因为地震波的横波不能穿过外核，所以科学家们猜测外核是由铁、镍、硅等元素构成的，能够缓慢流动的熔融态或液态的物质。内核半径约 1200 公里，可以探测到地震横波的存在，所以内核可能是固态的。除了铁和镍，内核中还有部分碳元素。

越往地球的深处走，温度也就越高，到了地核，温度甚至可以达到 5500~6000 摄氏度，就像是在地球的中心住了一个炙热的太阳。这么看来，传说中地狱里的炼狱，可能真的存在于地下的最深处？

以上，就是我们目前知道的关于地球内部的基本知识了。地球的真实情况是不是和推测的一样，还有没有什么更加可怕或者让人惊奇的东西在地下，还需要科学家们找到更多的办法去研究和证明。

3 为什么电影里地下城的灾难更严重？

小说中发生熔岩灾害的城市只是一个编号为 F112 的城市，电影把它设定为建在杭州的地下城，头上还顶着一个巨型的行星发动机。可能正是这样的选择，让电影里的城市失去了 35 万人，而小说中绝大多数人都顺利撤离了。

为什么这么说呢？先来看一下杭州的地质结构。

我们知道，地壳表面有岩石、淤泥和海水三种不同的物质。距今两千多年前，杭州城区的很多地方都是海面，当海水退去，给杭州东部的平原留下了大量的淤泥层，这些淤泥最终变成了有黏性的软土。杭州的西边和南边是山地、丘陵和河流，它们的下面没有大量

《流浪地球》的数理化

坚硬岩石来支撑，所以发生地质滑坡的风险也比较高。两种地质结构都不太适合作为行星发动机这样巨无霸物体的地基。

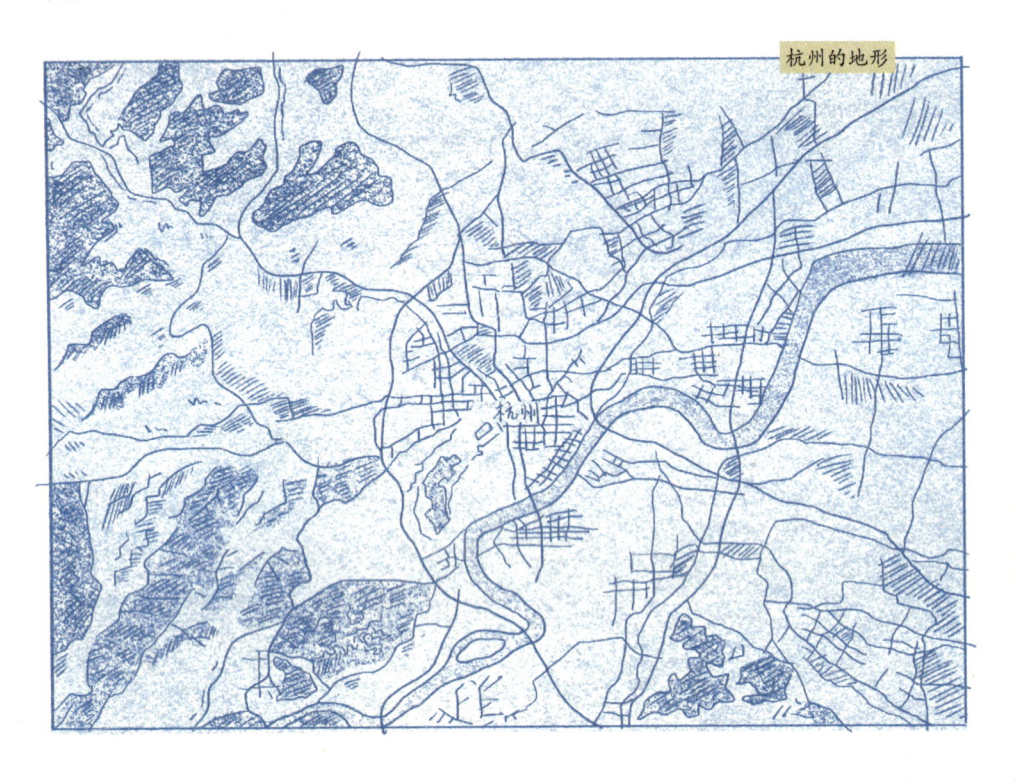

杭州的地形

此外，杭州还处在 6 条地震断裂带上，虽然都不是大的地震断裂带，但是近年来也时有活动。在本来就脆弱的板块上压上一座堪比珠穆朗玛峰的高山，这座高山还会时不时喷火，对地壳产生巨大的压力……即使在科技突飞猛进的三四百年以后，选择这样一个地点来建造地球发动机，也会大大增加建设的成本和运行的风险，相当于在城市的头上悬了一把达摩克利斯之剑。

所以，杭州地下城内发生的地质灾难，"第一责任人"可能不是木星，也不是地震和熔岩，而是选址。

做一做

翻一翻你的地理课本，你觉得杭州地下城最可能毁于哪种灾难？

A. 地震损毁

B. 熔岩倒灌

C. 以上都是

答案：A

来自地下的熔岩有两种：一种是基性岩浆，主要成分是玄武岩，像铁水一样可以流动；另一种是酸性岩浆，不容易流动。杭州地区不在火山带上，缺乏产生两种熔岩的地质结构。而当地球靠近木星，由木星引力引发的强烈地质活动首先就是地震，所以杭州地下城最有可能在第一时间被地震摧毁。

第四章
奥运的际遇

原文摘录

重启奥运会

　　但生活还在继续。在这残酷恐惧的现实中，爱情仍不时闪现出迷人的火花。为了缓解人们的紧张情绪，在第十二次到达远日点时，联合政府居然恢复了中断达两个世纪的奥运会。我作为一名机动雪橇拉力赛的选手参加了奥运会，比赛是驾驶机动雪橇，从上海出发，沿冰面横穿封冻的太平洋，到达终点纽约。发令枪响过之后，上百只雪橇在冰冻的海洋上以每小时二百公里左右的速度出发了。开始还有几只雪橇相伴，但两天后，它们或前或后，都消失在地平线之外。

　　这时，背后地球发动机的光芒已经看不到了，我正处于地球最黑暗的部分。在我眼中，世界就是由广阔的星空和向四面无限延伸的冰原组成的，这冰原似乎一直延伸到宇宙的尽头，或者它本身就是宇宙的尽头。而在无限的星空和无限的冰原组成的宇宙中，只有我一个人！雪崩般的孤独感压倒了我，我想哭。我拼命地赶路，名次已无关紧要，只是为了在这可怕的孤独感杀死我之前尽早地摆脱它，而那想象中的彼岸似乎根本就不存在。

　　就在这时，我看到天边出现了一个人影。近了些后，我发现那是一个姑娘，正站在她的雪橇旁，她的长发在冰原上的寒风中飘动着。你知道这时遇见一个姑娘意味着什么——我们的后半生由此决定了。她是日本人，叫山彬加代子。

第二篇 逃逸时代

女子组比我们先出发十二个小时,她的雪橇卡在冰缝中,把一根滑竿卡断了。我一边帮她修雪橇,一边把自己刚才的感觉告诉她。

"您说得太对了,我也是那样的感觉!是的,好像整个宇宙中就只有你一个人!知道吗,我看到您从远方出现时,就像看到太阳升起一样呢!"

"那你为什么不叫救援飞机?"

"这是一场体现人类精神的比赛,要知道,流浪地球在宇宙中是叫不到救援的!"她挥动着小拳头,以日本人特有的执着说。

"不过现在总得叫了,我们都没有备用滑竿,你的雪橇修不好了。"

"那我坐您的雪橇一起走好吗?如果您不在意名次的话。"

我当然不在意,于是我和加代子一起在冰冻的太平洋上走完了剩下的漫长路程。

经过夏威夷后,我们看到了天边的曙光。在被那个小小的太阳照亮的无际冰原上,我们向联合政府的民政部发去了结婚申请。

当我们到达纽约时,这个项目的裁判们早等得不耐烦,收摊走了。但有一个民政局的官员在等着我们,他向我们致以新婚的祝贺,然后开始履行他的职责:他挥手在空中画出一个全息图像,上面整齐地排列着几万个圆点,这是这几天全世界向联合政府登记结婚的数目。由于环境的严酷,法律规定每三对新婚配偶中只有一对有生育权,抽签决定。加代子对着半空中那几万个点犹豫了半天,点了中间的一个。

当那个点变为绿色时,她高兴得跳了起来。但我的心中却不知是什么滋味,我的孩子出生在这个苦难的时代,是幸运还是不幸呢?那个官员倒是兴高采烈,他说每当一对儿"点绿"的时候他都十分高兴,他拿出了一瓶伏特加,我们三个轮着一人一口地喝,为人类的延续干杯。我们身后,

121

遥远的太阳用它微弱的光芒给自由女神像镀上了一层金辉，对面，是已无人居住的曼哈顿的摩天大楼群，微弱的阳光把它们的影子长长地投在纽约港寂静的冰面上。醉意朦胧的我，眼泪涌了出来。

地球，我的流浪地球呀！

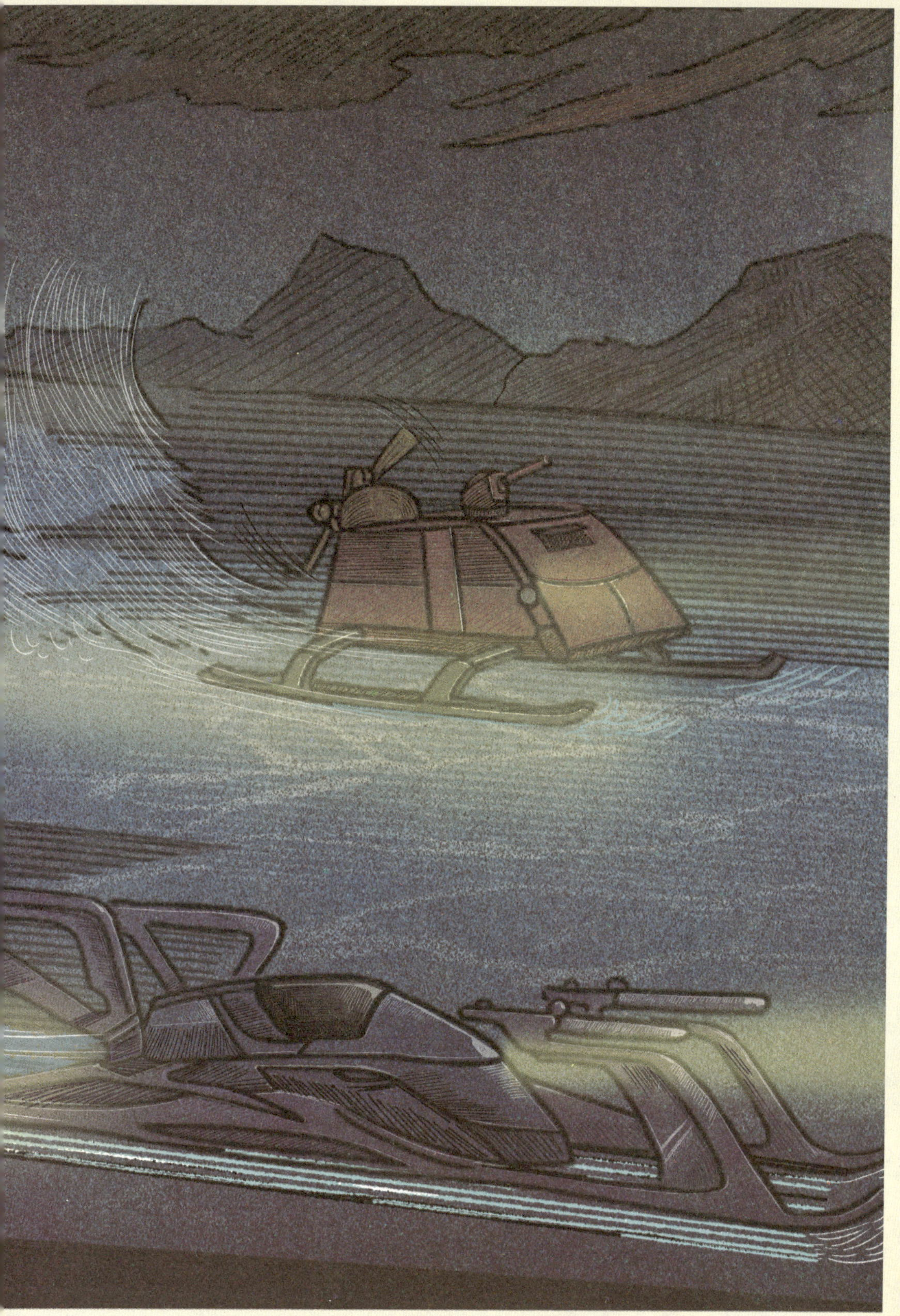

《流浪地球》的数理化

1 一些让人期待的小事

地球离太阳越来越远，随着人们渐渐适应，从前一些令人期待的东西重新出现在人们的生活中。为了振奋人心，在远日点短暂的平静日子里，停办了两个世纪的奥运会又回来了。这似乎预示着生活开始慢慢地回到正轨。环球机动雪橇拉力比赛上，主角驾驶着时速二百公里左右的雪橇，从上海出发穿过冰封的太平洋去纽约。在孤身一人、精神快要崩溃的时候遇到了同样深陷困境的女子组运动员加代子，于是结伴同行最终决定结婚。在民政局官员的帮助下完成注册，并幸运地抽中了一张准生证。

《流浪地球》电影中没有展开这段故事，但在电影刚开始不久，给过一个2044年被冰雪冻住的上海奥运大厦的镜头，作为对小说情节的呼应。

2 那些不存在的体育运动

机动雪橇是小说中虚构出来的东西，不管是奥运会比赛，还是生活中都没有这个运动项目。但是，人类认知的更新、疆域的拓展和科技的进步为科幻作品提供了更广阔的想象空间，去幻想未来的体育运动可能会有哪些新的形式。科学、体育与幻想的结合，创造出零重力运动、机器人竞技、虚拟空间竞技等许多现实中不存在的体育运动。

和所有幻想的体育运动一样，零重力运动大部分是地球重力环境下常规运动的改版。早在1988年，天文物理学家霍金本人亲自出镜的BBC经典科幻喜剧《红矮星号》中，就出现过关于零重力美式橄榄球的设想。可能因为技术的限制，剧中并没有直接展示运动本身的画面，观众只能通过台词、比赛海报等得知零重力橄榄球比赛是在封闭的环形场地里开展的,并且用的是很难想象长什么样的"五维球"。

《星球大战》系列的多部作品中都出现了陆地赛车的升级版——反重力赛车。因为飞行速度快,反重力赛车比地面赛车危险得多,所以最后这项比赛就被立法禁止了。在日本动画片《心理游戏》中,还出现过一小段零重力游泳比赛的可爱画面。

机器人或者人机结合的竞技就更加激烈了。很多电影中都有过人类操纵或者训练机器人进行格斗的设定。斯皮尔伯格监制的以机器人拳击比赛为主题的电影《铁甲钢拳》中,小男孩在父亲的陪伴和指导下,和捡到的废弃陪练机器人一起学习、成长,一路过关斩将,赢回了父亲失去的机器人拳击比赛的冠军荣誉。机器人替代人类进行搏斗竞技,场面更加酷炫,同时还可以消解一部分肉身格斗的残酷性,更适合孩子们观看。

《流浪地球》的数理化

　　无实物操作的虚拟竞技就更加人畜无害了，于是，我们可以经常看到像《头号玩家》中的场面，只需穿戴上体感设备，就能完全沉浸式地进入虚拟空间中，与其他游戏玩家一起飞天遁地，极速追逐，一决高下。

　　用竞技来替代真实战争的幻想也屡见不鲜。刘慈欣的另外一部中篇小说《光荣与梦想》中，为了消除战争，国际社会策划并开展了一场用奥运赛场代替真实战场的"和平视窗"实验，希望能让国家之间的暴力冲突以和平的方式进行。但是，虽然赛场上运动员们拼尽全力，甚至牺牲了生命，却仍然没能阻止自己的国家陷入战火之中。沃尔特·莫迪的小说《生存者》就更狠了，直接把 2050 年的奥运会更名为"奥林匹克战争竞赛"，让两百名荷枪实弹的美国士兵和俄罗斯士兵在电视上直播实战，直到某一方战队全军覆没才算决出胜负。

　　我们能看到的残酷血腥的竞技大多在古老的过去和不可知的未来发生，而科幻电影《回到未来》中设想的悬浮滑板已经来到了现实中。2014 年，美国加州技术公司成功制造出悬浮滑板的实物，滑板可以在离开地面大约 2.5 厘米的位置上保持十五分钟，被《时代》杂志评为当年的最佳发明之一。

奥运会不太欢迎高科技？

奥运会发源于两千多年前的古希腊，中间停办过一千五百多年。从古到今，奥运会的比赛项目都没有太大的改变。古老的运动——田径和游泳一直是奥运会金牌最多的两个大项，跳高、跳远、摔跤、击剑、射箭、马术等比赛项目也都来源于古代人类的活动，除了比赛场地、比赛装备的升级之外，运动本身几乎没有受到现代科技的影响。

而最能体现科技进步的竞技运动——赛车、电子竞技等，却未能纳入奥运会的比赛项目，甚至由高科技材料制成，能够帮助运动员在水中更好发挥的游泳衣——鲨鱼皮泳衣也被国际泳衣联盟宣布禁止使用。"更高、更快、更强"是奥林匹克运动的格言，可是奥运比赛看起来并不太欢迎更高、更快、更强的现代科技产物！

其实并不是这样。自行车在19世纪刚刚被发明出来不久就被纳入了奥运会比赛项目，1974年才诞生的铁人三项运动，2000年也正式走进奥运会的赛

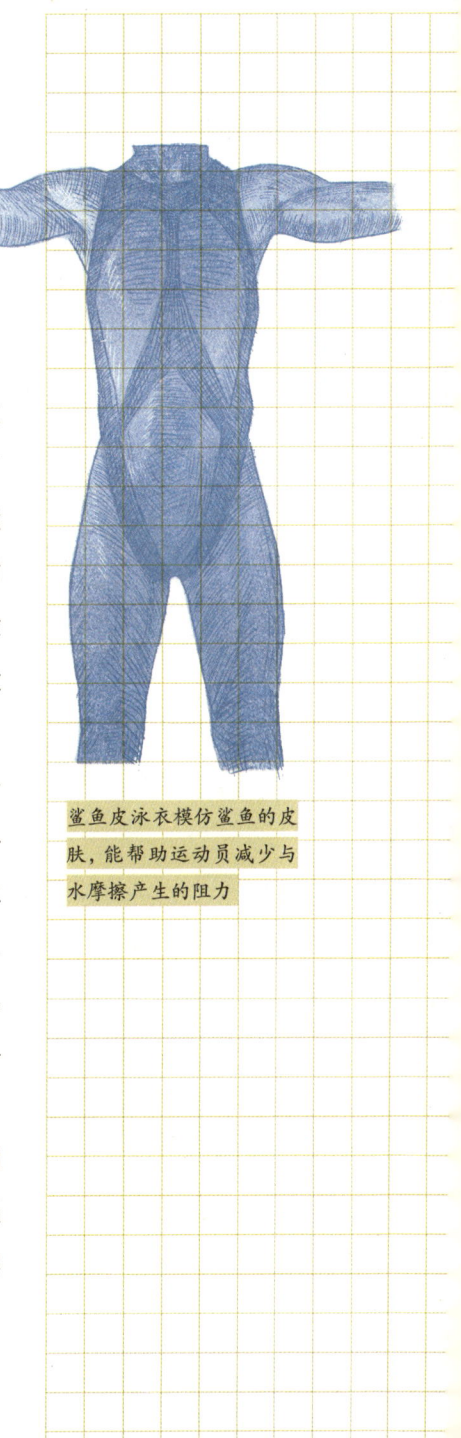

鲨鱼皮泳衣模仿鲨鱼的皮肤，能帮助运动员减少与水摩擦产生的阻力

《流浪地球》的数理化

场。为什么奥运会对新生事物差别对待呢？原因还是奥林匹克运动的格言——更高、更快、更强。这个格言关注的是通过体育比赛去挑战人类自身的极限，重点在人而不在物。自行车和机动赛车虽然都是现代科技的产物，但是自行车自身没有驱动力，比赛主要依靠的是人的力量和技巧，而赛车比赛成绩的提高，可能更多依赖车本身机动性能的提升，就很难去考量人类身体极限的突破程度了。

而凝聚人类智慧的提速利器——鲨鱼皮泳衣之所以成为游泳比赛的违禁物品，是因为它的研发核心技术仅仅掌握在少数几个科技发达国家的手上。少数人获得高科技加持后，泳池内的竞技将会失去起码的公平，同样也会对评估人类的极限能力带来干扰。

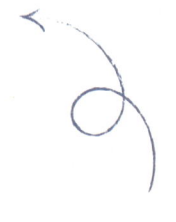

做一做

下面哪些运动比赛是真实举办过的?

A. 啤酒跑比赛,喝一瓶啤酒跑一圈。
B. 牛仔裤跑比赛,穿着蓝色牛仔裤跑一英里。
C. 扇耳光比赛。
D. 扔手机比赛。

答案:ABCD

是的,上面所有的比赛都是比较著名的真实举办过的比赛。如果你愿意,还可以发明或者幻想出更多的比赛和运动。

第五章
神奇的武器

> **原文摘录**
> ## 遭遇小行星带

分手前，官员递给我们一串钥匙，醉醺醺地说："这是你们在亚洲分到的房子，回家吧，哦，家多好哇！"

"有什么好的？"我漠然地说，"亚洲的地下城充满危险，这你们在西半球当然体会不到。"

"我们马上也有你们体会不到的危险了，地球又要穿过小行星带，这次是西半球对着运行方向。"

"上几个变轨周期也经过小行星带，不是没什么大事吗？"

"那只是擦着小行星带的边缘走，太空舰队当然能应付，他们可以用激光和核弹把地球航线上的那些小石块都清除掉。但这次……你们没看新闻？这次地球要从小行星带正中穿过去！舰队只能对付的是那些大石块，唉……"

在回亚洲的飞机上，加代子问我："那些石块很大吗？"

我父亲现在就在太空舰队干那种工作，所以尽管政府为了避免惊慌照例封锁消息，我还是知道一些情况。我告诉加代子，那些石块大得像一座大山，五千万吨级的热核炸弹只能在上面打出一个小坑。"他们就要使用人类手中威力最大的武器了！"我神秘地告诉加代子。

"你是说反物质炸弹？"

"还能是什么？"

"太空舰队的巡航范围是多远？"

"现在他们力量有限，我爸说只有一百五十万公里左右。"

"啊，那我们能看到了！"

"最好别看。"

加代子还是看了，而且是没戴护目镜看的。反物质炸弹的第一次闪光是在我们起飞不久后从太空传来的，那时加代子正在欣赏飞机舷窗外空中的星星，这使她的双眼失明了一个多小时，以后的一个多月眼睛都红肿流泪。那真是让人心惊肉跳的时刻，反物质炸弹不断地击中小行星，强光此起彼伏地在漆黑的太空中闪现，仿佛宇宙中有一群巨人围着地球用闪光灯疯狂拍照似的。

半小时后，我们看到了火流星，它们拖着长长的火尾划破长空，给人一种恐怖的美感。火流星越来越多，在空中划过的距离越来越长。突然，机身在一声巨响中震颤了一下，紧接着又是连续的巨响和震颤。加代子惊叫着扑到我怀中，她显然以为飞机被流星击中了，这时舱里响起了机长的声音。

《流浪地球》的数理化

1 太空激战的附带伤害

后太阳时代，一切为流浪地球计划服务，社会生育制度、分配制度也发生了巨大的改变。在可能是有史以来最严苛的计划生育制度下，幸运的新婚夫妇领到了分配的新房，乘着飞机从纽约飞往远在亚洲的新家。飞行的途中，地球正好变轨到了太阳系小行星带的区域。在地球上空的黑夜里，太空舰队为了迎击小行星群祭出了终极武器——反物质炸弹。没有戴防护装备的女主角被反物质炸弹与岩石碰撞产生的强光灼伤了眼睛。

2 什么是反物质？

要知道什么是反物质，首先需要知道什么是物质。说起来，物质应该是我们最熟悉的东西了，我们所能接触或者想象的一切物体都是由物质构成的。但是"物质是什么"，却一直是一个最简单又最复杂的问题，哲学家们激烈争论了数千年也没有达成统一意见。唯物主义哲学上的物质，是"在人类的意识之外，独立存在又能为人的意识所反映的客观实在"。而自然科学要回答物质是什么，不仅仅需要思考和辩论，更需要计算与实证——首先暴力拆解，把物质一层一层剥开，亲眼看看里面到底是什么。随着科学观测手段和破坏能力的提升，物质和物质的结构在人类的眼中变得越来越清晰和有趣起来。

> 宇宙中只有原子和空间，剩下的都是思想。
> ——德谟克利特

第一个提出原子是构成物质的基本元素的人，是公元前400多年前的古希腊学者德谟克利特。他说，"宇宙中只有原子和空间，剩下的都是思想"，他还认为原子就是物质最小的组成部分，所以原子是不可分割的。之后的两千多年，人类在研究实在的物质方面并没有太多的进展。直到17世纪，英国科学家罗伯特·胡克在用显微镜看到了植物的细胞之后，研究者们又用了数百年的时间，经过大量的观测、实验才找到了和德谟克利特所说的相对应的最小的物质结构——原子。在普通的一滴水珠中，包含了大约5亿亿个原子，可见原子是多么小。

当然，对物质的追问并不会止步于此。20世纪初，物理学家们开始对原子进行拷打。一开始只是电击，一个叫汤姆逊的科学家让一束电流穿过玻璃管里密封的气体，从原子中激发出了一种从来没有见过的、带有负电的粒子——电子。因为整个气体是不带电的，所以很明显，原子中应该还有其他带正电的物质。基于这个推测，汤姆逊提出了原子结构的"蓝莓松糕模型"，他认为，电子就像蓝莓一样，镶嵌在一团带正电的松糕上。

不久之后，来了一个更狠的人——卢瑟福，他用一种放射性的射线——α粒子去攻击金箔。α粒子其实就是氦元素的原子核，包含两个质子和两个中子，铀238衰变为钍234就会释放出α粒子。这种粒子本来应该很容易穿过金箔，就像用子弹去打一张薄纸一样。但是和想象相反，一部分粒子被直直地反弹了回来。汤姆逊的那个松松软软的"蓝莓松糕模型"无法解释这种现象，于是卢瑟福猜测：金原子中应该有一种质量比较大的硬核，才能抵挡住α粒子的攻击。1918年，卢瑟福进一步确认了独立于电子的原子核确实存在，并且发现原子核并不是一

《流浪地球》的数理化

个整体，而是由一个个带正电的质子聚在一起而组成的。不同数量的质子和电子组合在一起，就构成了不同的化学元素。被太阳和人类无情碾压一次又一次的氢原子宝宝，就是所有元素中最弱小的那一个。<u>氢原子家族中最小的伙伴，只有一个质子和一个电子。</u>

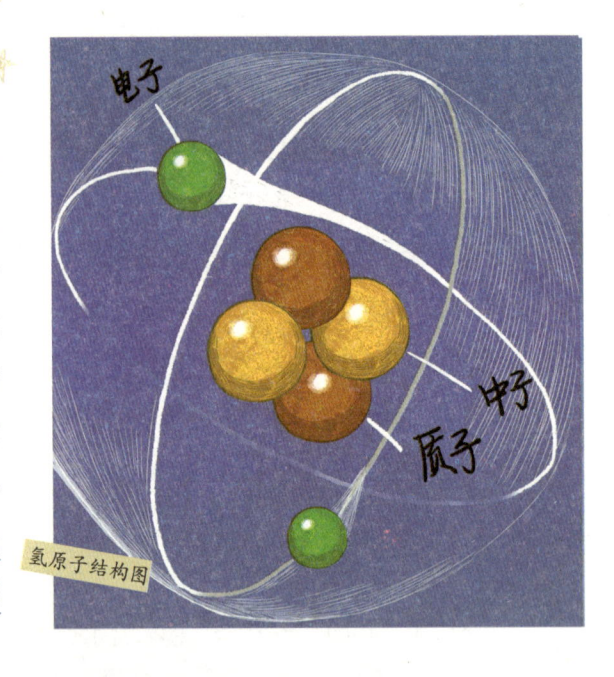

氢原子结构图

榨干了氢原子之后，科学家们继续攻击其他物质。经过一系列的"花式砸蛋"，到了20世纪30年代，他们终于用一种新发现的射线，从石蜡的原子核里砸出了新的东西——一种不带电的，和质子一样大的粒子。原子中已经有了带正电的质子和带负电的电子，这位既不带正电也不带负电的同学就叫中子吧。

这个时候新的问题出现了。既然有带正电的质子和带负电的电子，为什么不能有带负电的质子和带正电的电子呢？理论上来说可以有，实际上也真的有。第一个发现这个秘密的，是数学。20世纪20年代，英国物理学家狄拉克建立了电子在高速运动下的方程式——狄拉克方程。根据这个方程式得出的结果，电子的能量可以为正，也可以为负。就像 $x^2=4$ 这个方程，它的解可以是 2，也可以是 −2 一样。

可是，能量最多只能为零，负能量怎么可能存在呢？这是完全不符合物理规律的。为了让负能量变得合理，狄拉克创造性地提出了一种假设：如果电子所带的电荷是正的，那么方程式算出的能量就是负能量。就像在自然界中并不存在负数（比如你永远不可能数出负十个手指头来），但数学上可以有负数这种表达一样。有了带正电的电子，能量就可以有负号。不仅仅是电子，其他所有粒子理论上都可能存在所带电荷与之相反的粒子，而这些镜像的粒子就是反物质。

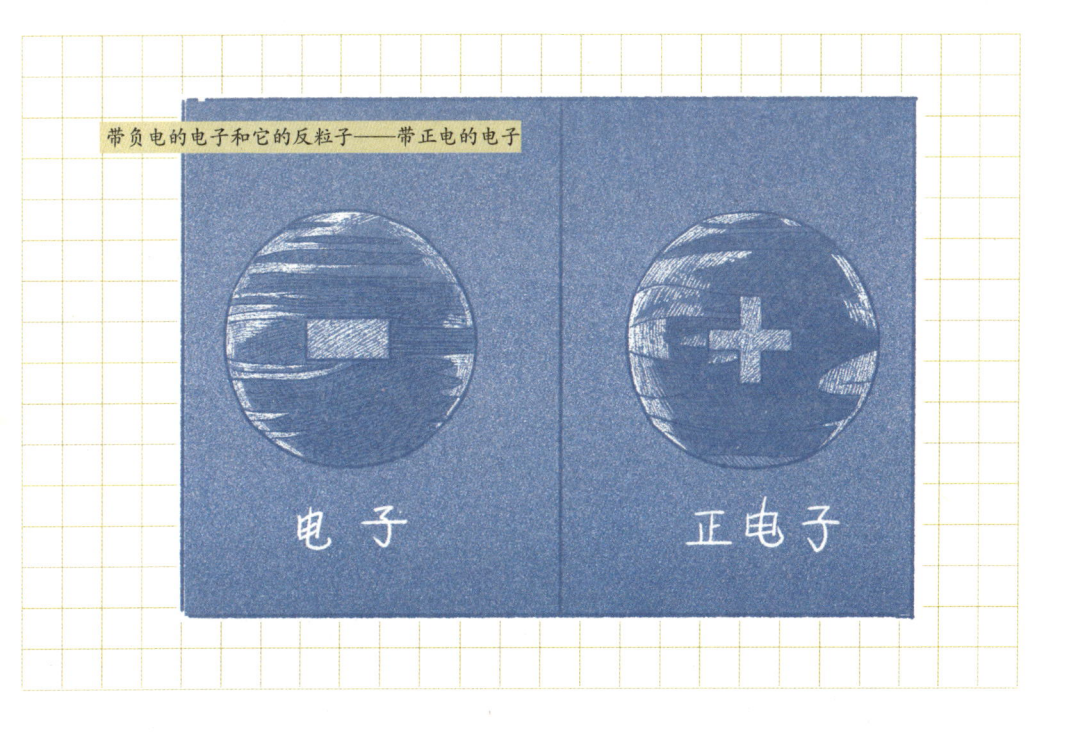

带负电的电子和它的反粒子——带正电的电子

电子　　正电子

不久之后，物理学家果然在射入地球大气层的宇宙射线中，发现了带有正电的电子，又在实验室创造出来的高能环境中，成功抓到了反质子和反中子。于是，人类终于确认了反物质不仅仅是理论上的假设，而且是实实在在存在于我们这个宇宙中的东西。

《流浪地球》的数理化

质子和电子带电,所以有反物质,中子不带电,怎么也会有反中子呢?其实,不仅仅是带的电荷相反,反物质和正物质在其他微观层面上表现出来的很多特性都是相反的。比如中子与反中子虽然都不带电,但是它们的自旋方向是相反的。

对科学的寻找和追问永远不会停止,后来,物理学家们又发现,质子、中子也不是最小的粒子,它们都是由更小的夸克组成的。对物质的认识越深入,就越觉得它们是如此奇妙和难以理解。就连伟大的科学家爱因斯坦都感叹:"物质、时间和空间是人们认知的错觉。"

物质、时间和空间是人们认知的错觉。
——爱因斯坦

3 为什么反物质炸弹比核弹还厉害?

太空舰队在需要正面对抗迎面而来的小行星带时,反物质炸弹是他们祭出的终极武器。为什么反物质炸弹的威力会远远高于热核炸弹呢?

反物质最可怕的性质是,当它们和正物质在一起时,哪怕仅仅只是轻轻相碰,也会在一瞬间双双灰飞烟灭,并爆发出巨大的能量,物理学上把这个过程叫作"湮灭"。核弹,不管是核裂变还是核聚变,释放的能量仅仅是原子核在分裂或者聚合在一起的时候,丢失的一丁点质量转换而来的。而正反物质碰撞,两种物质会完全消失,质量全部转换成能量,以光和热等形式爆发出来。所以,反物质几乎不需要任何处理,它本身就是一枚宇宙级别的超级武器,能量等级是核弹等人类制造出来的其他炸弹完全不能比拟的。

想象中的反物质爆炸

在杰克·威廉森的科幻小说《反物质飞船》（又名《CT飞船》）中，谁掌握了控制反物质的方法，谁就可以在宇宙中掌控一切，为所欲为。但是，控制反物质会碰到与控制核聚变反应一样的问题——能够毁灭一切的物质，用什么东西来装才安全呢？小说中，这种装置叫作"CT底盘"，为了得到它，包括传统反派星际公司在内的各路人马展开了激烈的角逐。在追踪线索的过程中，开挂的主角遇到了鬼魂一样的强大对手，最后才发现，"鬼魂"竟然是来自反物质宇宙的自己。

所以，如果需要强行鸡汤一下的话——能对你产生最大影响的，其实是反方向的你自己？

4 反物质宇宙在哪儿？

根据大爆炸理论，宇宙产生于138亿多年前的密度无限大、空间无限小的"奇点"。奇点爆炸，把它拥有的能量转化为了物质和反物质。

按照对称性原理，爆炸产生的正物质和反物质应该有相同的质量。这很容易理解，一公斤的正物质，只会湮灭掉同样重量的反物质并释放出能量，反过来应该也一样。所以，随着宇宙不停膨胀，大爆炸产生的正反物质不断相遇，然后湮灭，我们现在的宇宙中，剩余的正物质和反物质应该是一样多的。但是实际上，我们在宇宙中观测到的物质几乎都是正物质，也几乎没有看到过正反物质的湮灭，这是为什么呢？人类被这个问题苦苦困扰着，直到物理学家们陆续发现了弱相互作用下的CP不守恒，才慢慢解开了一部分的谜题。

什么是"CP不守恒"呢？"C"指的是电荷，"P"指的是宇称。根据物理学原理，一个粒子与它的反粒子应该是互相对称的，就像人和镜子里面的镜像一样，你的左手就是镜子里面那个你的右手，这种对称就叫作"宇称"。而粒子和反粒子的运动规律和行为模式也应该是一样的：你往右走，镜子里的你就会以同样的姿势往左走同样的距离；电荷也是同样的道理，把一个粒子所带的电荷从正的变成负的，或者负的变成正的，它的运动规律也应该保持不变，这就是"守恒"。

"守恒"似乎是一件天经地义的事情，但是，科学家们在中微子振荡实验中发现，不仅仅是互为镜像的粒子，同一种粒子在同样条件下表现出来的行为并不都是完全一样的，它们之间存在着一些微小的差别。正是由于这种微弱但又广泛存在的不对称，才让正物质和反物质在大爆炸之后没有全部湮灭掉，留下足够多的正物质，来构成我们现在这个宇宙。

第六章
危险的穿越

原文摘录

下了七天七夜的石头雨

"请各位乘客不要惊慌,这是流星冲破音障产生的超音速爆音,请大家戴上耳机,否则您的听力会受到永久的损害。由于飞行安全已无法保证,我们将在夏威夷紧急降落。"

这时,我盯住了一颗火流星,那个火球的体积比别的大出许多,我不相信它能在大气中烧完。果然,那火球疾驰过大半个天空,越来越小,但还是坠入了冰海。我从万米高空看到,海面被击中的位置出现了一个小白点,那白点立刻扩散成一个白色的圆圈,圆圈迅速在海面扩大。

"那是浪吗?"加代子颤着声儿问我。

"是浪,上百米的浪。不过海封冻了,冰面会很快使它衰减的。"我自我安慰地说,不再看下面。

我们很快在檀香山降落,由当地政府安排去地下城。我们的汽车沿着海岸走,天空中布满了火流星,那些红发恶魔好像是从太空中的某一个点同时迸发出来的。

一颗流星在距海岸不远处击中了海面,没有看到水柱,但水蒸气形成的白色蘑菇云高高地升起。涌浪从冰层下传到岸边,厚厚的冰层轰隆隆地破碎了,冰面显出了浪的形状,好像有一群柔软的巨兽在下面排着队游过。

"这颗流星有多大？"我问那位来接应我们的官员。

"不超过五公斤，不会比你的脑袋大吧。不过刚接到通知，在北方八百公里外的海面上，刚落下一颗二十吨左右的。"

这时，他手腕上的通信机响了，他看了一眼后对司机说："来不及到204号门了，就近找个入口吧！"

汽车拐了个弯，在一个地下城入口前停了下来。我们下车后，看到入口处有几个士兵，他们都一动不动地盯着远方的一个方向，眼里充满了恐惧。我们都顺着他

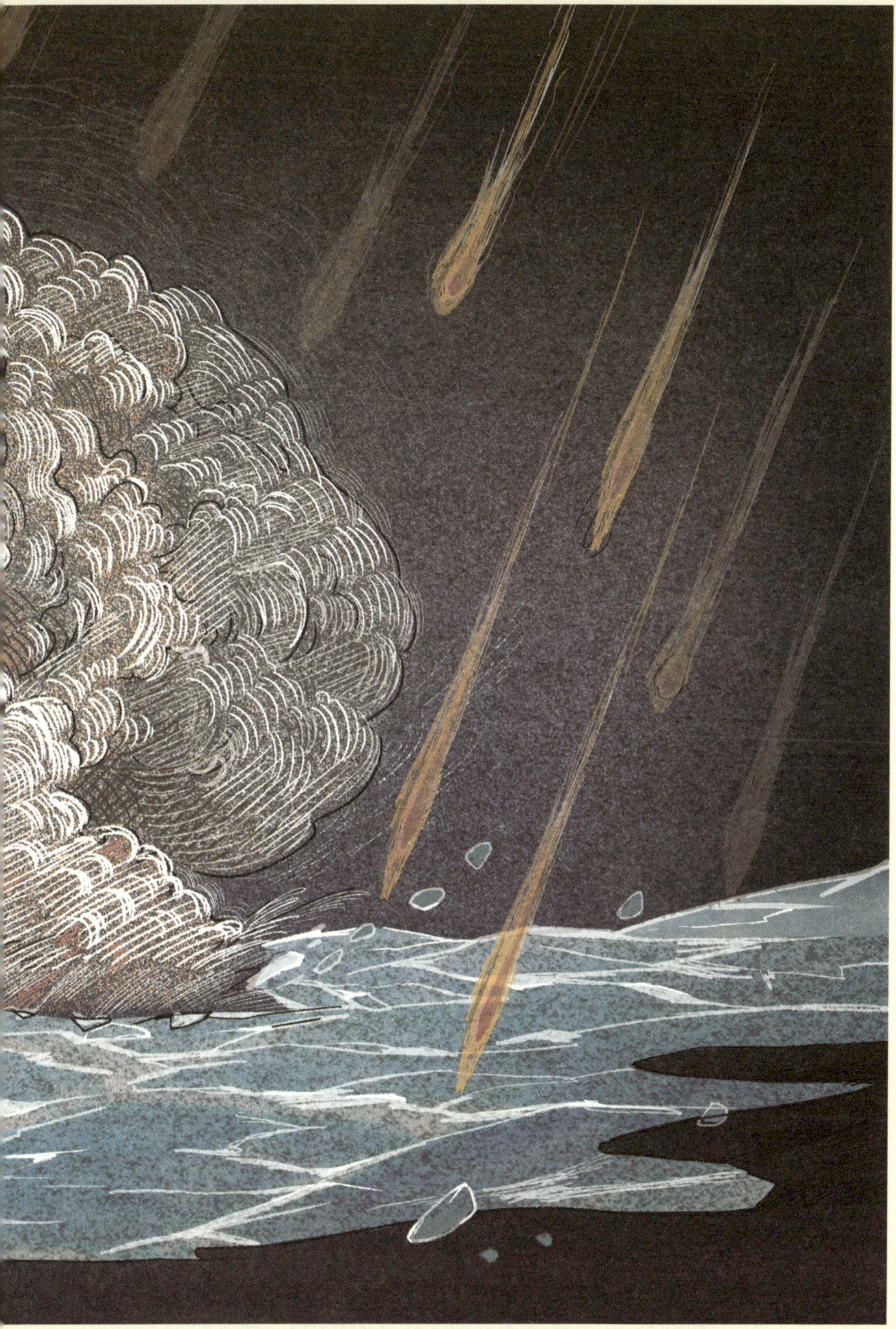

《流浪地球》的数理化

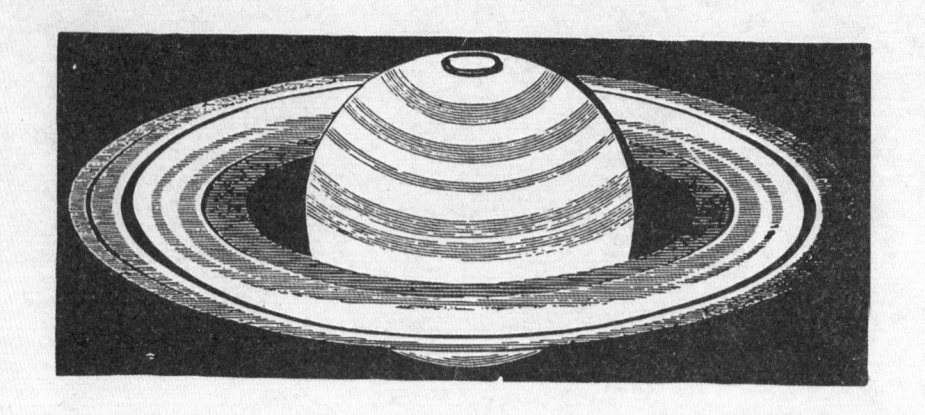

们的目光看去,在天海连线处,我们看到一道黑色的屏障,乍一看好像是天边低低的云层,但那"云层"的高度太整齐了,像一堵横在天边的长墙,再仔细看,墙头还镶着一线白边。

"那是什么呀?"加代子怯生生地问一个军官,得到的回答让我们毛发直竖。

"浪。"

地下城高大的铁门隆隆地关上了,约莫过了十分钟,我们听到从地面传来低沉的声音,咕噜噜的,像一个巨人在地面打滚。我们面面相觑,大家都知道,百米高的巨浪正在滚过夏威夷,也将滚过各个大陆。但另一种震动更吓人,仿佛有一只巨拳从太空中不断地击打地球,在地下,这震动并不大,只能隐约感到,但每一次震动都<u>直达我们灵魂深处。这是流星在不断地击中地面</u>。

我们的星球所遭到的残酷轰炸断断续续持续了一个星期。

当我们走出地下城时,加代子惊叫:"天哪,天怎么是这样的?!"

天空是灰色的,这是因为高层大气中弥漫着小行星撞击陆地时产生的灰尘,星星和太阳都消失在这无际的灰色中,仿佛整个宇宙在下着一场大雾。地面上,滔天巨浪留下的海水还没来得及退去就封冻了,城市幸存的高楼形单影只地立在冰面上,挂着长长的冰凌柱。冰面上落了一层撞击尘,于是这个世界只剩下一种颜色:灰色。

1 火与冰的洗礼

离开太阳，在宇宙空间中穿行的地球要面临许多已知或未知的危险，小行星带就是其中早已预料到的一个。

在地球穿越小行星带的时刻，飞行是非常危险的。考虑到大概率会发生的危险，所有的航班，包括一切地面的活动都应该早早被预警和禁止。不过，可能是为了让我们感受一下史无前例的火流星灾难，主角和家人被安排继续完成他们的旅行。于是，我们得以目睹一场七天七夜的终极版陨石炸弹是怎样燃烧地球的天空和冰冻的海洋，并掀起了滔天巨浪和尘土的……经历了火与冰的洗礼后，地球的表面除了满身伤痕，只剩漫天的灰尘。

2 为什么小行星带如此危险？

其实，不只是小行星带非常危险，小行星本身也很危险。虽然仅仅是多了一个"小"字，但是小行星和行星却有着本质的差异。在宇宙中，质量决定一切。行星的质量大，可以依靠引力的作用让自己滚成一个完美的圆球，并且拥有自己专属的行车轨道，不会与其他行星发生交叉碰撞。小行星的质量有大有小，可能恰好像个球也可能是其他不规则的形状，像面包屑一样飘荡在太阳周围的空间里。这些大大小小的碎石，本来就是行星前进道路上很大的安全隐患。

对于目前的地球而言，好消息是，这些恼人的面包屑并不是均匀撒在太阳系内的。据观测，太阳系内侧空间百分之九十八以上的小行星，都分布在离地球较远的地

方——火星和木星的轨道之间。小行星扎堆的这一圈，就是流浪地球的绊脚石——小行星带。

我们很容易把小行星理解为宇宙在塑造太阳系的时候产生的建筑废渣，但是这并不能解释为什么小行星会聚在一起成为一股强大的"恶势力"。

有人认为，火星和木星之间的距离比火星和太阳之间的距离还远，在火星和太阳之间有三颗行星，那么火星和木星之间的广阔空间应该完全能够容纳得下另一颗行星。所以他们推测，现在散落的小行星带，有可能就是一颗原本存在于火星和木星之间的行星遭遇巨大撞击而形成的。但是这些小行星的质量加起来比月球还小，即使算上漫长的岁月里丢失的质量，也并不足以拼凑成一颗够分量的行星。

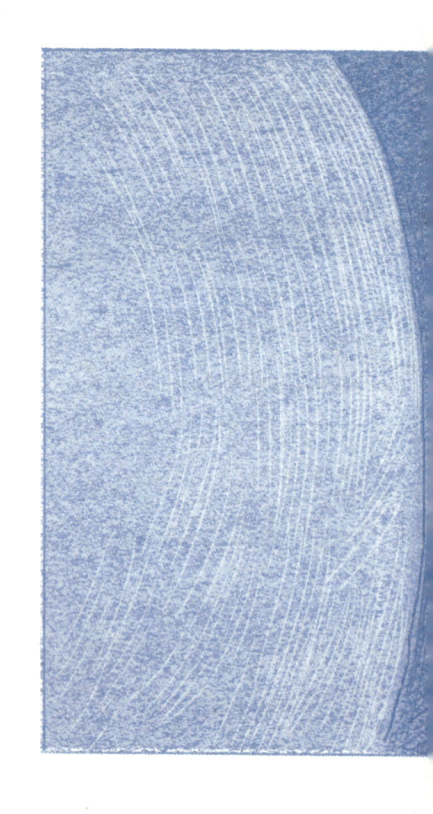

那为什么这些物质没有聚在一起，变成一个大一点的矮行星呢？

其实，要打造更大的天体是一件很不容易的事情，首先需要各种各样的石头和星际尘埃经过很多机缘巧合，碰撞合并成一颗质量较大的星子（也叫"原小行星"）。星子越大，引力就越大，就可以更快地收集行星所需的材料，最终完成矮行星的建筑。整个过程非常漫长并且需要足够的运气。可惜，小行星带这一片的家伙们运气非常不好，它们待在太阳系第二大佬——木星的身边。随着木星围绕太阳旋转，两位大佬互不相让，一个往里拽，一个往外拽，把想组团的小行星们拉过来扯过去，小行星聚合的引力完全无法与太阳或者木星的引力抗衡，只好放弃抵抗，继续躺平。

小行星带躺平，地球就坐不住了。不光是想要远赴比邻星的流浪地球，躲在火星背后与世无争的地球同样也会受到小行星带的威胁。太阳和木星的引力拉扯不停变化，不可能保证每一颗小行星一直待在固定的区域内活动。小行星带上大大小小的石头如果受力失衡，就可能进入太阳系的内侧，撞上其他的行星。

其实，小行星之所以大量聚集在木星靠近太阳的一侧，而不是木星轨道内其他行星的周围，一方面是因为木星巨大的引力，另一方面是太阳附近行星比较密集，在几十亿年的运行中，大部分小行星都被太阳或者其他行星捕获了。所以我们可以想象，在之前漫长的时光中，地球曾经遭受过多少次的陨石袭击。

3 最惨烈的一次撞击

目前我们所知道的地球历史上最惨烈的一次撞击，发生在6600万年前。一颗直径10公里以上，名叫"希克苏鲁伯"的巨型陨石撞击了地球。正是那一场撞击，让地球的生态圈发生了翻天覆地的变化，百分之七十五以上的动植物从此消失。在地球上生活了一亿多年、位于食物链最顶端的恐龙也因此灭绝。

为什么我们能够把几千万年前恐龙的灭绝和陨石联系在一起呢？答案还是岩石。岩石中的铀和铅告诉我们太阳和地球的年龄，而这一次泄露秘密的，是石头里面的另一种元素——铱。和铀的性格完全不同，铱是一种超级稳定的重金属，在地壳中的含量非常少。

科学家们发现，在恐龙灭绝的那个时期，地层中铱元素的含量远远高于其他年代的地层中铱元素含量的平均水平。地球上本来几乎没有的东西突然大量出现，一般来说只能来自天外。于是科学家们推测，在那个时期，一颗富含铱元素的陨石撞击了地球。冲击扬起的漫天灰尘在全球范围内慢慢沉积下来，随着斗转星移，越来越深地埋进地壳之中，形成了铱含量很高的黏土地层。

这个推测最直接的证据就是位于墨西哥尤卡坦半岛上，一个直径达180公里的巨型陨石坑——"希克苏鲁伯"陨石坑。根据科学家们对"希克苏鲁伯"陨石坑的钻探和研究，陨石坑的形成时间是6600万年前。同时，坑里的土壤也和这个时期全球其他地方的土层一样，富含非常多的铱元素。于是，恐龙灭绝和陨石撞击的时间对上了。

一颗直径10公里的小行星撞击地球威力确实非常大，它产生的能量相当于50万颗原子弹同时爆炸，可以让附近1000公里以内的生物瞬间死亡。但是，人们在地球的各个角落都发现过恐龙化石，说明它们曾经在全球范围内广泛地存在着，为什么一颗坠落在墨西哥的陨石会让全世界的恐龙都灭绝呢？

目前科学界的推测是：导致全球生物大灭绝的原因并不是撞击，而是撞击造成的次生灾害——全球性的生态灾难。撞击让墨西哥湾浅水区的海水瞬间蒸发，以每小时16万公里的速度冲向天空，大量的气体和灰尘形成了一片温度高达7800多度的云。与此同时，小行星撞击的冲击力相当于11级左右的地震，冲击波在全球扩散，导致地震、海啸、火山喷发等灾难频发。热云裹着火山喷发出来的大量烟尘和有毒气体很快包围了地球。

遮天蔽日的尘埃让绿色植物很难进行生存必需的光合作用，海洋中的藻类和陆地上的森林逐渐凋亡。包括食草恐龙在内的大量以植物为食的动物失去了食物的来源逐渐死亡，于是，食肉动物也失去了它们的食物来源。尤

《流浪地球》的数理化

其是恐龙，它们是当时地球生态圈中的顶级消费者，大部分恐龙体型庞大，食量也大，必须要有数量大得多的生产者和次级消费者才能保证它们的生存，大量动植物的死亡对恐龙的影响很可能是毁灭性的。最终，只有一些小型生物在这场全球剧变的缝隙中存活了下来。其中，就有人类的祖先——小型哺乳动物。

不过，这次史前灭绝事件仍然还有许多未解之谜，上面的推测也只是目前科学界的主流假想，需要更多的证据去证明。小行星撞击是不是恐龙灭绝真实或者唯一的原因，科学家们也仍然在不断地探索。

4 去小行星上看一看

小行星一言不合就造访地球，地球也对小行星充满好奇。巨型小行星可能会带来物种灭绝，是地球巨大的威胁，但它们也重塑了南美洲的植物群落，造就了世界上最大、最复杂多样的生态系统——亚马孙热带雨林，让哺乳动物取代了爬行动物统治地球。它们的身上还藏着太阳系古老的秘密，甚至可能是地球生命的起源。带着许多的问号，人类开始回访小行星。

小行星探测假想图

到目前为止，最远的一次探访，是日本牵头，包括中国在内的多个国家合作的"隼鸟2号"探测器的"龙宫"之行。"隼鸟2号"于2014年12月出发，经过52亿公里的长途跋涉，在2018年6月到达了小行星"龙宫"。这只重达3.3公斤的"小鸟"在小行星上蹦蹦跳跳，又挖又炸，然后带着它辛勤劳动的成果——5.4克的岩土样本，在2020年12月顺利飞回了地球。

中国也启动了自己的小行星探测项目。按照计划，在2025年左右，我们会去一个编号为2016HO3的近地小行星抓一把土回来，同时还会飞到神秘的小行星带上去打探一下。

《流浪地球》的数理化

第七章
无尽的长夜

原文摘录

在最深的黑暗中穿行

我和加代子继续回亚洲的旅行。在飞机越过早已无意义的国际日期变更线时，我们见到了人类所见过的最黑的黑夜。飞机仿佛潜行在墨汁的海洋中，看着机舱外那没有一丝光线的世界，我们的心情也黯淡到了极点。

"什么时候到头呢？"加代子喃喃地说。我不知道她指的是这段旅程还是这充满苦难和灾难的生活，我现在觉得两者都没有尽头。是呀，即使地球航出了氦闪的威力圈，我们得以逃生，又怎么样呢？我们只是在那漫长阶梯的最下一级，当我们的一百代子孙爬上阶梯的顶端，见到新生活的光明时，我们的骨头都变成灰了。我不敢想象未来的苦难和艰辛，更不敢想象要带着爱人和孩子走过这条看不到头的泥泞路，我累了，实在走不动了……就在我因悲伤和绝望窒息的时候，机舱里响起了一声女人的惊叫："啊！不！不能，亲爱的！"

我循声看去，见那个女人正从旁边的一个男人手中夺下一把手枪，他刚才显然想把枪口凑到自己的太阳穴上。这人很瘦弱，目光呆滞地看着前方无限远处。女人把头埋在他膝上，嘤嘤地哭了起来。

"安静。"男人冷冷地说。

哭声消失了，只有飞机发动机的嗡嗡声在轻响，像不变的哀乐。在我的感觉中，飞机已粘在这巨大的黑暗中，一动不动，而整个宇宙，除了黑暗和飞机，什么都没有了。加代子紧紧钻在我怀里，浑身冰凉。

突然，机舱前部有一阵骚动，有人在兴奋地低语。我向窗外看去，发现飞机前方出现了一片朦胧的光亮，那光亮是蓝色的，没有形状，十分均匀地出现在前方弥漫着撞击尘埃的夜空中。

那是地球发动机的光芒。

西半球的地球发动机已被陨石击毁了三分之一，但损失比起航前的预测要少；东半球的地球发动机由于背向撞击面，完好无损。从功率上来说，它们是能使地球完成逃逸航行的。

在我眼中，前方朦胧的蓝光，如同从深海漫长的上浮后看到的海面的亮光，我的呼吸又顺畅起来。

我又听到那个女人的声音："亲爱的，痛苦呀恐惧呀这些东西，也只有在活着时才能感觉到。死了，死了什么也没有了，那边只有黑暗，还是活着好。你说呢？"

那瘦弱的男人没有回答，他盯着前方的蓝光看，眼泪流了下来。我知道他能活下去了，只要那希望的蓝光还亮着，我们就都能活下去，我又想起了父亲关于希望的那些话。

一下飞机，我和加代子没有去我们在地下城中的新家，而是到设在地面的太空舰队基地去找父亲，但在基地，我只见到了追授给他的一枚冰冷的勋章。这勋章是一名空军少将给我的，他告诉我，在清除地球航线上的小行星的行动中，一块被反物质炸弹炸出的小行星碎片击中了父亲的单座微型飞船。"当时那个石块和飞船的相对速度有每秒一百公里，撞击使飞船座舱瞬间气化了，他没有一点痛苦，我向您保证，没有一点痛苦。"将军说。

《流浪地球》的数理化

当地球又向太阳跃回去的时候，我和加代子又到地面上来看春天，但没有看到。

世界仍是一片灰色，阴暗的天空下，大地上分布着由残留海水形成的一个个冰冻湖泊，见不到一点绿色。大气中的撞击尘埃挡住了阳光，使气温难以回升。甚至在近日点，海洋和大地都没有解冻，太阳呈一片朦胧的光晕，仿佛是撞击尘埃后面的幽灵。

三年以后，空中的撞击尘埃才有所消散，人类终于最后一次通过近日点，向远日点升去。在这个近日点，东半球的人有幸目睹了地球历史上最快的一次日出和日落。太阳从海平面上一跃而起，迅速划过长空，大地上万物的影子很快地变换着角度，仿佛是无数根钟表的秒针。这也是地球上最短的一个白天，只有不到一个小时。

当太阳跃入地平线，黑暗降临大地时，我感到一阵伤感。这转瞬即逝的一天，仿佛是对地球在太阳系四十五亿年进化史的一个短暂的总结。直到宇宙的末日，它也不会再回来了。

"天黑了。"加代子忧伤地说。

"最长的一夜。"我说。东半球的这一夜将延续两千五百年，一百代人后，半人马座的曙光才能再次照亮这片大陆。西半球也将面临最长的白天，但比这里的黑夜要短得多。在那里，太阳将很快升到天顶，然后一直静止在那个位置上，渐渐变小，在半个世纪内，它就会融入星群难以分辨了。

1 与太阳告别

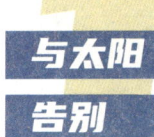

小行星带横扫过后，席卷全球的漫天尘土制造出史无前例的黑夜。在这样的灾难天气下，新婚夫妇又继续启程飞往亚洲。经历了劫难重返地面，飞越曾经的国际日期变更线后，浓稠的黑暗让劫后余生的旅客出现了不同程度的情绪问题。一小段回家的路，镶嵌在长长的颠沛流离的旅途中，看不到尽头的苦难让主角的心情跌落到了谷底，旁边绝望的旅客甚至试图结束自己的生命。

落地后，父亲在小行星之战中牺牲的噩耗又接踵而至。越过最后一个近日点之后，地球将从此背对太阳飞行，不再回头，东半球落入长达两千五百年的黑夜中。

2 什么是国际日期变更线？

国际日期变更线，是 1884 年全世界一起在地球上画的一条想象中的线。为什么要画这么一条线呢，它有什么用处？

其实，奥秘就在"国际"两个字上。如果你仅仅只在自己的城市或者国家生活，基本上是不需要这条线的。并且，在不算太遥远的几百年以前，全世界也没有任何人需要用到这条线，直到有一天，人类开始第一次环球航行。

1519 年，伟大的探险家麦哲伦率领他的船队，从西班牙塞维利亚港出发向西航行，三年后，当他们环游地球一圈，拖着疲惫的身体和破破烂烂的船只回到塞维利亚港时，发现岸上的日期比航行日志上记载的日期多出了一天。之后，这样的事情接连发生，俄国伊尔库茨克附近

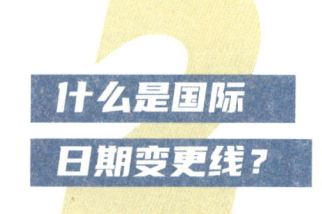

一个小镇上的邮政官在9月1日早上7点钟给美国芝加哥邮局发了一份电报,可是芝加哥邮局回复的电报上写的接收日期却是8月31日的9点28分。人们渐渐发现,当进行国际旅行或者跨国信息沟通时,自以为非常确定和清晰的日期变得混乱了……

为什么会这样呢?要弄清楚日期混乱的原因,就需要重新思考一个简单的问题:**我们所说的"一天",到底是从什么时候开始的呢?**我们知道,地球自转一圈产生昼夜,一个白天加一个黑夜就是一天。最开始,地球上是一些彼此之间没有连通的信息孤岛,每个地方的人都把自己目所能及的天空中,白天太阳位置最高的时候当作正午,正午就是一天的中分线。但是,位于不同经度(就是地球表面连接北极点和南极点的一条条假想的线)的人,他们的正午对应的时间是不一样的。

当麦哲伦开始他的环球航行时,地球从西向东不停旋转,轮船从东向西不断航行,对船上记录时间的人来说,每一天的正午都会比前一天更晚到来,于是,正午一点一点地推迟了。当轮船围着地球绕了一个圈回到原点之后,正午正好整整晚了一天,船员们到岸才发现,他们有一天的时间不知不觉间被偷走了。如果继续原来的航行,被偷走的天数就会越来越多……当然,船上的人们实际经历的时间并不会打一点折扣。但是,稍微想象一下就会觉得很不合理——我们能够理解,在太阳照射地球的时候,面对太阳的一面是白天,背对的一面是夜晚,可能西半球晚上11点的时候,东半球已经进入了下一个白天。但是同一时刻,地球上的人们怎么可能会相隔很多天呢?

随着人类的航行、通信能力越来越强,地区之间的往来越来越多,日期混乱的情况也越来越频繁。于是,到了1884年,为了解决这个令人头疼的问题,"国际经度会议"决定在地球上沿着经线的方向画一条线,作为"今天"和"昨天"的分界线,这就是"国际日期变更线"。同时大家约定,当从西向东经过变更线时，就要把日历上的日期减去一天，反过来走就加上一天。这样，地球上每个地方的人们，所处时间的差异都不会超过一天了。

理论上来说，国际日期变更线画在任何一个地方都可以。但是，为了避免一个国家中同时存在两种日期，人们把这条线画在太平洋上的180°经线上，北起北极，通过白令海峡、太平洋，直达南极，并且绕过了太平洋上的岛屿和国家。所以，国际日期变更线并不是一条直线，而是一条拐来拐去的折线。

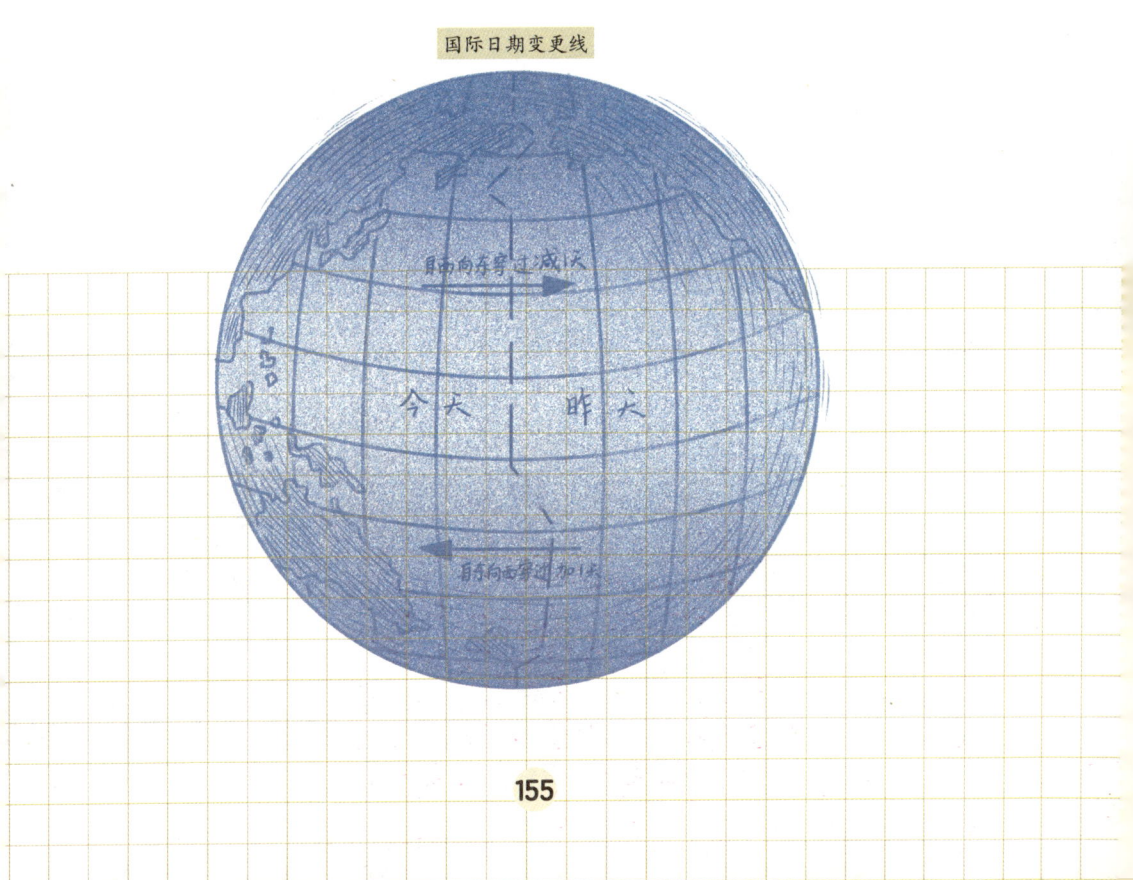

《流浪地球》的数理化

3 如果把地球的约 46 亿年压缩到一天

地球经过第十五个近日点的时候速度非常快，日出日落的一天被浓缩为一个小时，"仿佛是对地球在太阳系约 46 亿年进化史的一个短暂的总结"。一个小时有点短，如果把约 46 亿年压缩到 24 个小时，我们的小破球究竟经历了怎样的一天呢？

凌晨 0 点 0 分，小破球出生了。还记得太阳系的前身——星际尘云吗？那片孕育太阳的巨大云朵晃呀晃，在引力的作用下，物质不断地碰撞吸积在一起，形成许多的星子。星子继续演化，慢慢聚在一起变成一些圆滚滚的行星，地球就是其中之一。刚刚出生的地球还很轻，它的身体有百分之九十八都是来自云朵的氢和氦。渐渐地，轻的物质分离出来飘走了，重的物质凝聚到一起，婴儿地球成型了。

凌晨 0 点 11 分，地球被撞了。 一颗新形成的名叫"泰亚"的金属行星受到地球引力作用，以一个低斜的角度撞上了地球。幸好当时的速度和角度还不足以摧毁地球，但撞击还是让大部分的地壳物质喷了出来。"泰亚"的重金属沉入地球的内部，剩下的物质与地球喷出的物质逐渐凝聚在一起，成为地球身边的守护者——月球。很可能就是这次撞击，把地球的自转轴撞歪了 23.5°，直到现在也没纠正过来。这次撞击还加快了地球的自转速度，把我们的一天定格为 24 个小时。而此时，地球仍然是一个滚烫的熔炉星球。

凌晨 0 点 50 分，海洋诞生了。 地球表面慢慢冷却下来，形成了固体的地壳。大量的陨石前仆后继奔向地球，地面上，地震和火山爆发一刻也没有停止过。此时的地球仍然非常炙热。慢慢地，水从地壳里蒸发出来，形成了大气层。天空下起了酸雨，酸雨落到地面，聚集在一起，地球开始有了海洋。

泰亚与地球碰撞之后形成了月球

想象中地球早期的海洋

《流浪地球》的数理化

凌晨 3 点，生命出现了。 地球表面仍然火山频发、熔岩横流。我们不知道最初的生命是彗星或者陨石从外太空带来的，还是经过一连串的化学反应从地球上的无机物进化出来的。但是在如此艰苦的环境中，生命确实奇迹般地出现了。这时的生命仅仅是一些只有基本复制功能的"复制子"，并且复制的过程中还经常出现漏洞。但是它们并不气馁，不断改变自己来适应日益复杂的生存环境。

下午 2 点到 4 点，地球上有了超级大陆。 随着地壳的运动，大陆不断增厚，最古老的超级大陆——哥伦比亚大陆形成了。同时，地球表面的环境开始变得对生命越来越友好。复制子进化成了更加高级的蓝藻和细菌，这时的它们不仅能够更好地适应环境，甚至能够试着改造周围的环境了。

晚上 9 点 10 分， 海洋里出现了最早的脊椎动物——鱼类。

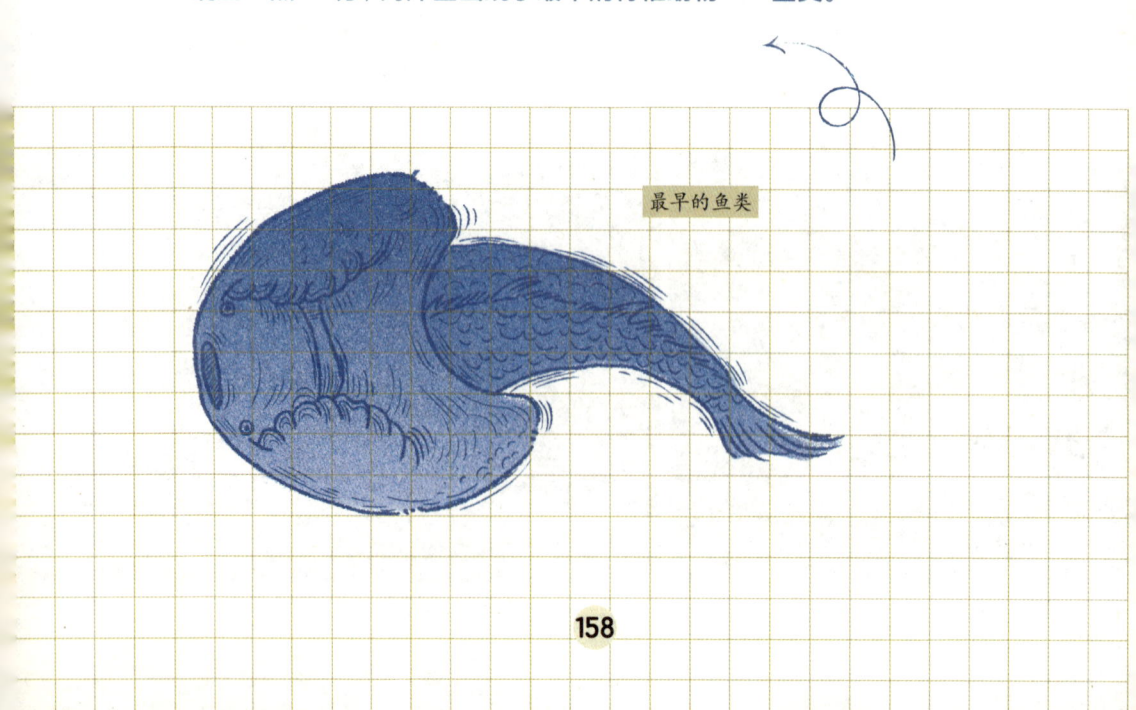

最早的鱼类

晚上10点25分，地球上最后一个超级大陆——盘古大陆形成了。大陆和海洋生机勃勃，动植物们快乐地生长和进化着。不过好景不长，15分钟后，随着西伯利亚地盾的火山爆发，95%以上的地球生物灭绝了。

最后一个超级大陆——盘古大陆

晚上11点3分，盘古大陆分裂为劳亚古大陆和冈瓦纳大陆，最终演变成我们现在的大陆板块。半个小时之后，我们熟悉的"希克苏鲁伯"陨石撞向了美洲大陆，包括恐龙在内的地球生命再一次遭遇了灭顶之灾。

又过了20分钟，在这一天剩下的7分钟里，漫天的尘埃终于沉淀下来，天空重新拨云见日。在一天快要结束的时候，第一个真正意义上的"人"属动物进化出来了，开始了我们38秒的短暂生活。

《流浪地球》的数理化

第八章
行星的交会

原文摘录

与木星擦肩而过

按照预定的航线，地球升向与木星的会合点。航行委员会的计划是：地球第15圈的公转轨道是如此之扁，以至于它的远日点到达木星轨道，地球将与木星在几乎相撞的距离上擦身而过，在木星巨大引力的拉动下，地球将最终达到逃逸速度。

离开近日点后两个月，就能用肉眼看到木星了，它开始只是一个模糊的光点，但很快显出圆盘的形状。又过了一个月，木星在地球上空已有满月大小了，呈暗红色，能隐约看到上面的条纹。这时，15年来一直垂直的地球发动机光柱中有一些开始摆动，地球在做会合前最后的姿态调整。木星渐渐沉到了地平线下，以后的三个多月，木星一直处在地球的另一面，我们看不到它，但知道两颗行星正在交会之中。

有一天，我们突然被告知东半球也能看到木星了，于是人们纷纷从地下城中来到地面。当我走出

城市的密封门来到地面时，发现开了15年的地球发动机已经全部关闭了，我再次看到了星空，这表明同木星最后的交会正在进行。人们都在紧张地盯着西方的地平线，地平线上出现了一片暗红色的光，那光区渐渐扩大，伸延到整个地平线的宽度。我现在发现，那暗红色的区域上方同漆黑的星空有一道整齐的边界，那边界呈弧形，那巨大的弧形从地平线的一端跨到了另一端，在缓缓升起，巨弧下的天空都变成了暗红色，仿佛一块同星空一样大小的暗红色幕布在把地球同整个宇宙隔开。

　　当我回过神来时，不由倒吸一口冷气，那暗红色的幕布就是木星！我早就知道木星的体积是地球的1300倍，现在才真正感觉到它的巨大。这宇宙巨怪在整个地平线上升起时引发的恐惧和压抑感是难以用语言描述的，一名记者后来写道："不知是我身处噩梦中，还是这整个宇宙都是造物主巨大而变态的头脑中的噩梦！"木星恐怖地上升着，渐渐占据了半个天空。这时，我们可以清楚地看到它云层中的风暴，那风暴把云层搅动成让人迷茫的混乱线条，我知道，那厚厚的云层下是沸腾的液氢和液氦的大洋。

电影里，行星交会时，地球的大气被木星捕获，木星的云海也被地球掀起

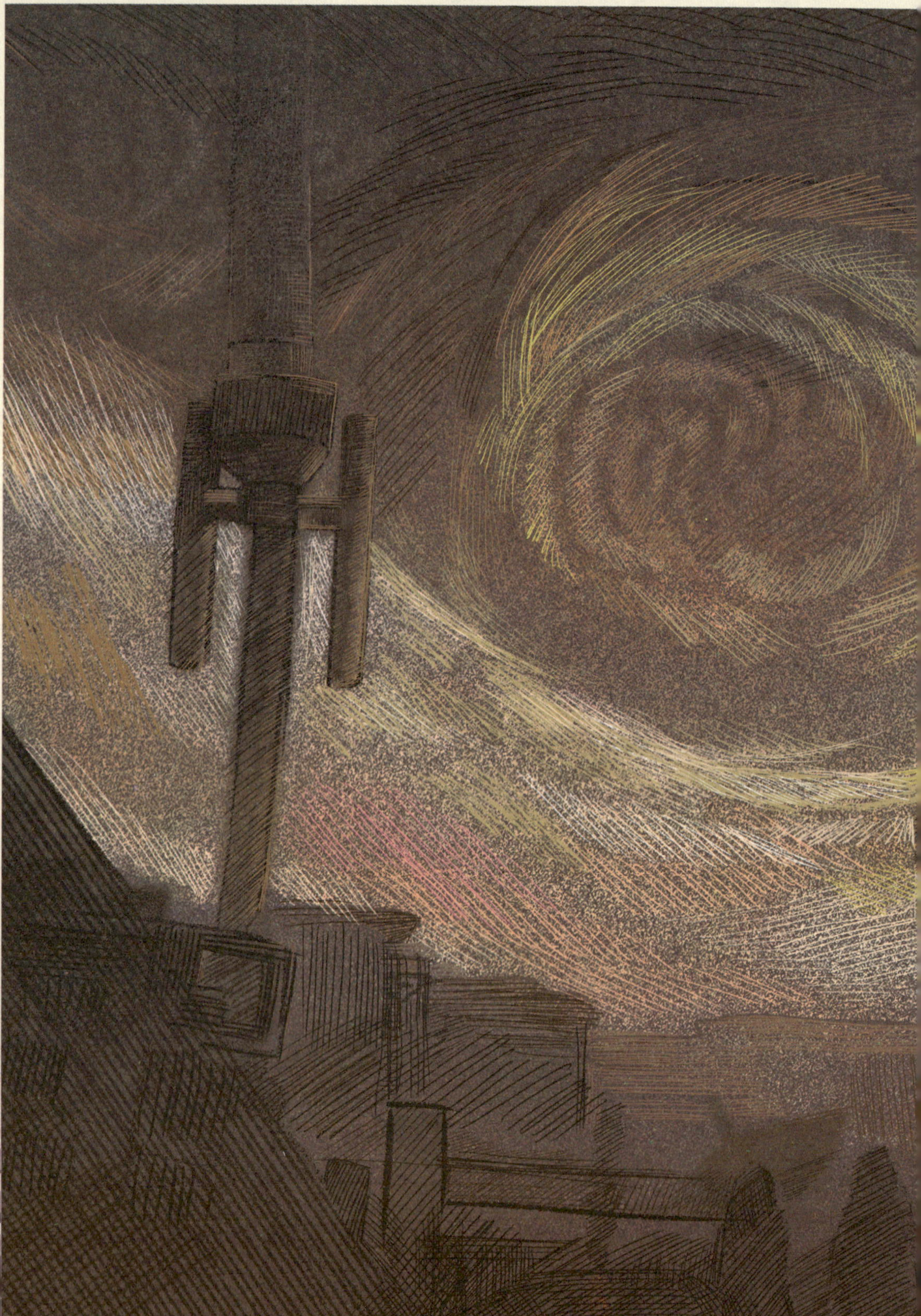

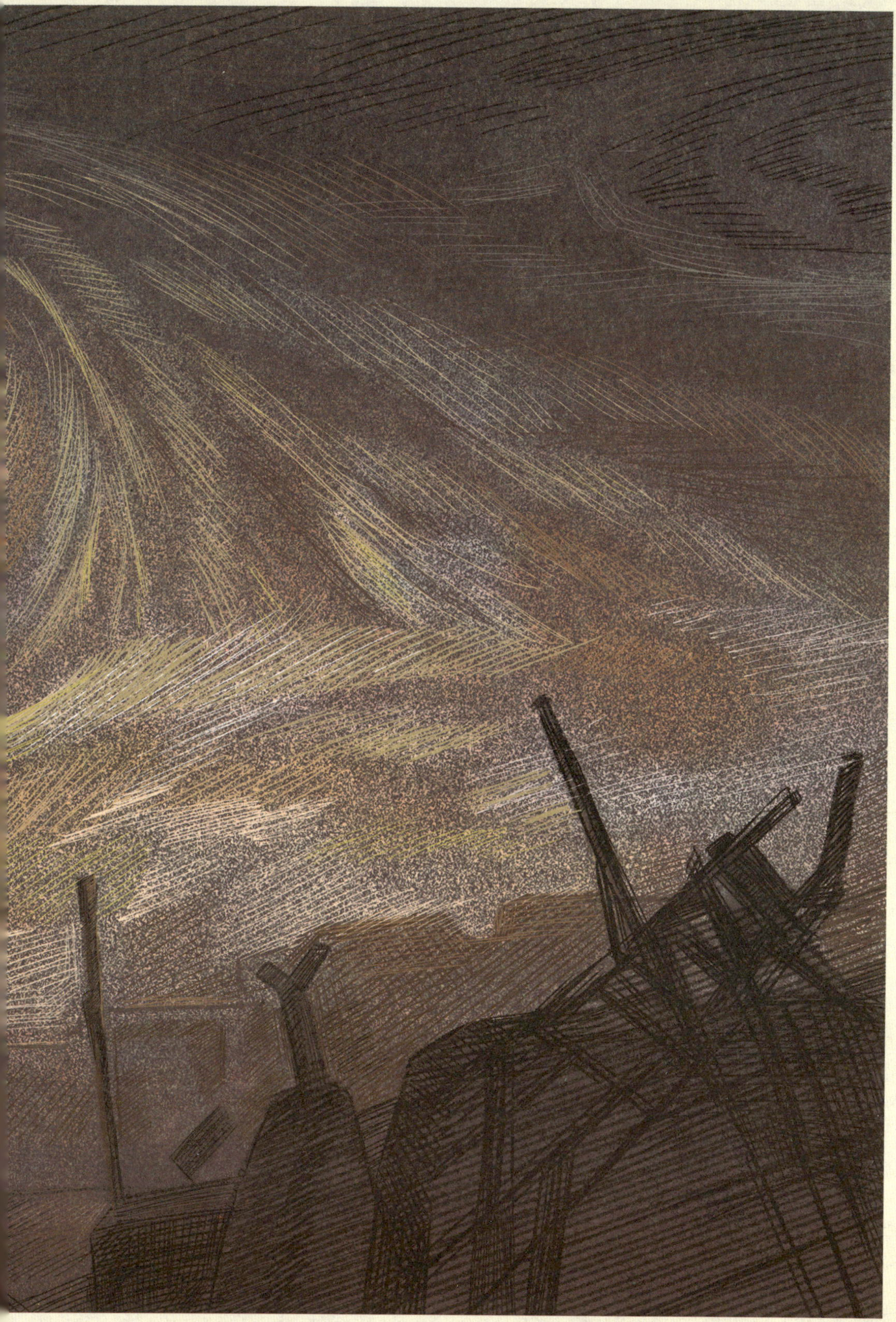

著名的大红斑出现了，这个在木星表面维持了几十万年的大旋涡大得可以吞下整整三个地球。这时，木星已占满了整个天空，地球仿佛是浮在木星沸腾的暗红色云海上的一只气球！而木星的大红斑就处在天空正中，如一只红色的巨眼盯着我们的世界，大地笼罩在它那阴森的红光中……这时，谁都无法相信小小的地球能逃出这巨大怪物的引力场，从地面上看，地球甚至连成为木星的卫星都不可能，我们似乎就要掉进那无边云海覆盖着的地狱中去了！但领航工程师们的计算是精确的，暗红色的迷乱的天空在缓缓移动着，不知过了多长时间，西方的天边露出了黑色的一角，那黑色迅速扩大，其中有星星在闪烁，地球正在冲出木星的引力魔掌。

这时，警报尖叫起来，木星产生的引力潮汐正在向内陆推进，后来得知，百多米高的巨浪再次横扫了整个大陆。在跑进地下城的密封门时，我最后看了一眼仍占据半个天空的木星，发现木星的云海中有一道明显的划痕，后来知道，那是地球引力作用在木星表面留下的痕迹，我们的星球也在木星表面拉起了如山的液氢和液氦的巨浪。这时，木星巨大的引力正在把地球加速甩向外太空。

离开木星时，地球已达到了逃逸速度，它不再需要返回潜藏着死亡危机的太阳系，而是向广漠的外太空飞去，漫长的流浪时代开始了。

就在木星暗红色的阴影下，我的儿子在地层深处出生了。

1 魔鬼加速度

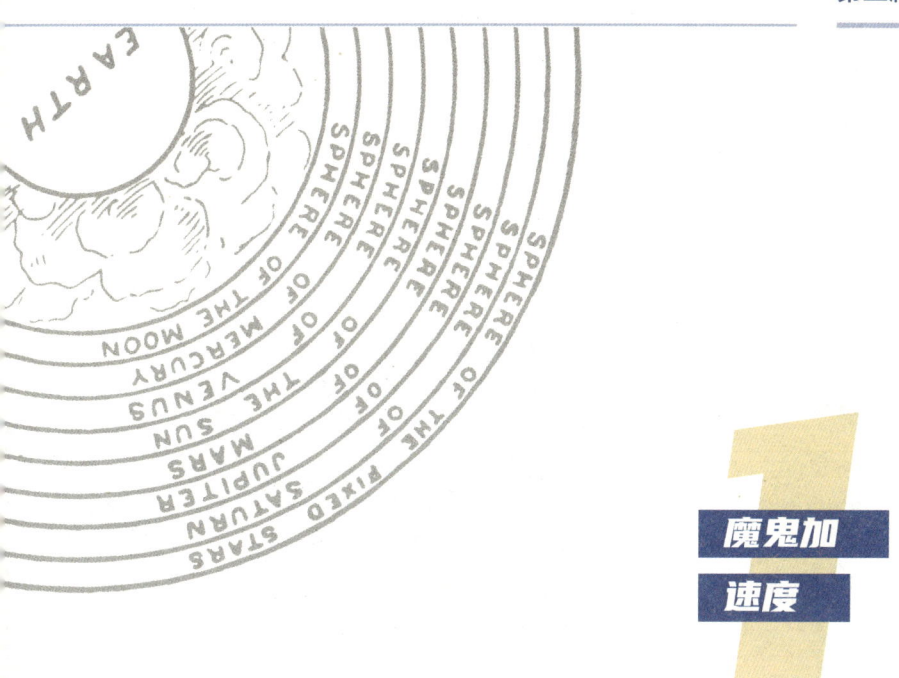

在围绕太阳飞行了 15 圈之后，地球终于在远日点到达了既定目标——木星的轨道附近。行星的交会悄无声息又波澜壮阔，东半球的人们目睹了惊心动魄的"日出"，汹涌的暗红色海洋在地平线上缓缓升起，布满整个天空。倒悬着的巨大漩涡仿佛随时都可能吞噬掉地球这一粒小小的石子。这样绝美而危险的景象在地球过去的 46 亿年里从来不曾出现过，未来也可能不会再有。

小说中，人类通过精确的计算和控制，以一个优美的弧线完成了在木星身边的魔鬼加速。电影里的人们就没这么幸运了，地球在靠近木星的时候，就被木星引力引发的全球性地震摧毁了三分之一的发动机。在失去动力就要坠入木星之际，依靠全球发动机抢修小分队的饱和式救援和中国空间站的自杀式救援，点燃了木星的大气，借着爆炸产生的反向冲击力把地球推开才得以逃脱。

《流浪地球》的数理化

2 为什么要绕 15 圈?

木星引力弹弓

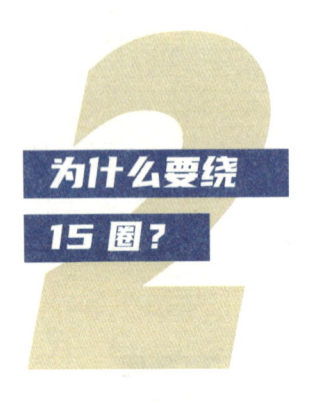

小说里面,地球需要围绕太阳转 15 个圈之后才能飞出太阳系,这是小学生不用学习就知道的事情。为什么不能直接"嗖"的一下开出去,头也不回地跑掉呢?因为地球发动机没那么大劲儿,它只能给地球很小的加速度,不能把地球一下子推出太阳轨道,在这 15 个圈中,地球需要慢慢加速。

除了发动机功率不够,不能为地球提供瞬间逃离太阳引力所需要的速度,绕圈逃跑还有两个重要的原因:

一是地球从来没有自己飞过,第一次开动,"试飞"就是"实飞"。用不断环绕太阳飞行提速的方式,速度较慢,时间更加充裕,如果飞行的途中遇到问题,调整和控制起来都会更加容易。

二是可以节约宝贵的燃料。在绕着太阳做椭圆运动的过程中,地球可以利用太阳系中第二大的天体——木星的引力来提升速度。在最后一圈远日点的位置,顺滑地靠近木星,利用木星引力的"弹弓效应"给地球免费加油，不用耗费自己的燃料就能白白获得一个加速度。经过精确的计算和控制，这个速度可以达到逃离太阳的逃逸速度。相当于自投罗网去找碴儿，然后被木星这个大力士甩出太阳系……

不过，这样做也存在着很大的风险，稍有失误，就会被木星巨大的引力捕获并且撕裂，再也逃不出去。

3 "引力弹弓"是怎么回事？

一个思想实验可以帮助理解这件事。想象一下向火车头扔小铁球（危害公共安全行为，请勿实际操作）。如果火车不动，球的速度是每秒100米，忽略掉空气阻力、火车可能被砸烂等能量损失和实验进行不下去的因素，按照能量守恒原理，球会反弹回来，弹回的速度应该也是每秒100米。如果扔球的时候，火车正在以每秒100米的速度迎面开过来，那么当球反弹时，会发生什么呢？在火车驾驶室里面的司机看来，火车相对他来说仍然是静止的，而球正以每秒200米的速度向他飞来，球的速度提高了一倍！

同样按照能量守恒定律，球反弹回去后，相对于火车和火车司机，球离开的速度也是每秒200米。这样，在地面上的围观群众看来，球反

《流浪地球》的数理化

弹的速度就是火车相对于地面的速度（每秒 100 米），再加上球相对于火车的速度（每秒 200 米），也就是每秒 300 米。

这就相当于火车把自己每秒 100 米的速度双倍赠送给了小球。于是，小球什么都不做，仅仅通过一次违法行为，就轻松获得了三倍的速度！实际上，在碰撞的过程中，火车会损失一部分的动能，这部分动能转移到了小球身上。因为火车的质量很大，损失的这一点能量很难察觉，却可以让小球的速度猛增。

木星的质量本来是地球的 318 倍，在燃烧岩石之后地球还会变得更轻。在《流浪地球》中，地球就像一个小球撞向火车，通过碰瓷行为从巨大的木星那里偷一点能量来加速，而太阳就是地面的围观群众。只不过，在引力的弹弓效应中，木星和地球并不是通过实物碰撞，而是通过引力的牵引来完成能量的转赠的。

也就是说，木星本来就在以很高的速度围绕着太阳运动，地球靠近的时候，会被它的引力带着一起跑，于是木星就把自己的速度传给了地球。只要不被木星的引力捕获，地球离开木星的时候就会飞得比原来快得多，直到达到逃逸速度。

当然，地球还暂时不会去做碰瓷木星的实验，但是我们现在发射的航天器，很多都是按照《流浪地球》拟定的逃跑计划来操作的。比如，"嫦娥一号"探月卫星发射的时候，围着地球绕了三个椭圆的圈，才加速到地月转移轨道。直到后来技术更加成熟，才不再绕圈，直奔月球而去。

人类迄今为止发射的飞行距离最远的星际探测器——旅行者 1 号，也使用了利用木星引力弹弓加速的飞行方式。探测器发射时速度是每秒 36 公里，然后逐渐向木星靠近。在抵达木星附近的时候，探测器的速度受太阳引力的拉扯越变越慢，降到了每秒 16 公里，然后一下子被木星的引力弹弓甩到了每秒 38 公里左右。之后继续小幅度加速变轨，随着轨道越来越远离太阳，需要克服的太阳引力也越来越小，只需要再加速到每秒 42 公里左右，轻轻一跃，就能顺利地飞往太阳系外了。

做一做

旅行者 1 号要逃离地球，至少需要达到多大的速度？

答案：11.2 公里/秒

按照前面章节提到过的动能和势能公式，带入地球的半径、质量和引力常数 G，得出逃逸速度是 11.2 公里/秒。

$$\frac{1}{2}mv^2 - \frac{GMm}{R} = 0$$

$$解出：v = \sqrt{\frac{2GM}{R}} = 11.2\,km/s$$

逃逸速度计算方法

《流浪地球》的数理化

第九章
太阳的脸庞

> **原文摘录**
> ## 民间太阳观测活动

　　离开木星后,亚洲大陆上一万多台地球发动机再次全功率开动,这一次,它们要不停地运行500年,不停地加速地球。这500年中,发动机将把亚洲大陆上一半的山脉当作燃料消耗掉。

　　从四个多世纪的死亡恐惧中解脱出来,人们长出了一口气。但预料中的狂欢并没有出现,接下来发生的事情出乎所有人的想象。

　　在地下城的庆祝集会后,我一个人穿上密封服来到地面。童年时熟悉的群山已被超级挖掘机夷为平地,大地上只有裸露的岩石和坚硬的冻土,冻土上到处是白色的斑块,那是大海潮留下的盐渍。面前那座爷爷和爸爸度过了一生的、曾有千万人口的大城市,现在已是一片废墟,钢筋外露的高楼残骸在地球发动机光柱的蓝光中拖着长长的影子,好像是史前巨兽的化石……一次次的洪水和小行星的撞击已摧毁了地面上的一切,各大陆上的城市和植被都荡然无存,地球表面已变成火星一样的荒漠。

　　这一段时间,加代子心神不定。她常常扔下孩子不管,一个人开着飞行汽车出去旅行,回来后,只是说她去了西半球。最后,她拉我一起去了。

我们的飞行汽车以四倍音速飞行了两个小时，终于能够看到太阳了，它刚刚升出太平洋，看上去只有棒球大小，给冰封的洋面投下一片微弱的、冷冷的光芒。

加代子把飞行汽车悬停在5000米的空中，然后从后面拿出了一个长长的东西，去掉封套后，我看到那是一架天文望远镜，业余爱好者用的那种。加代子打开车窗，把望远镜对准太阳，让我看。

从有色镜片中，我看到了放大几百倍的太阳，我甚至清楚地看到太阳表面缓缓移动的明暗斑点，还有日球边缘隐隐约约的日珥。

加代子把望远镜同车内的计算机连起来，把一个太阳影像采集下来。然后，她又调出了另一个太阳图像，说："这个是四个世纪前的太阳图像。"接着，计算机对两个图像进行比较。

"看到了吗？"加代子指着屏幕说，"它们的光度、像素排列、像素概率、层次统计等参数都完全一样！"

我摇摇头，说："这能说明什么？一架玩具望远镜，一个低级图像处理程序，加上你这个无知的外行……别自寻烦恼了，别信那些谣言！"

"你是个白痴。"她说着，收回望远镜，把飞行汽车向回开去。这时，在我们的上方和下方，我又远远地看到了几辆飞行汽车，同我们刚才一样悬在空中，从每辆车的车窗中都伸出一架望远镜对着太阳。

在以后的几个月中，一个可怕的说法像野火一样在全世界蔓延。越来越多的人自发地用更大型更精密的仪器观测太阳。后来，一个民间组织向太阳发射了一组探测器，它们在三个月后穿过太阳。探测器发回的数据最后证实了那个传言。

同四个世纪前相比，太阳没有任何变化。

《流浪地球》的数理化

1 太阳不会爆发了？

逃离木星的引力后，地下城的人们从恐惧中缓过神来。被陨石、洪水和挖掘机摧毁的地球表面似乎已经没剩下什么值得关注的东西，一部分人把目光投向了已经变小变暗的太阳。民间太阳研究者们用大量的业余天文望远镜、车载电脑和几个众筹的太阳探测器对着太阳一通操作，最后得到一个颠覆性的结论：太阳和几个世纪之前相比，完全没有变化，毫无爆发痕迹。

情绪稳定

2 为什么要用有色镜片看太阳？

我们用显微镜去看微小的物体，比如植物的细胞和更小的分子、原子；用望远镜去看遥远的物体，比如体育馆中央正在演出的舞台、夜空中闪闪发光的星星。为什么看太阳，哪怕是已经黯淡了许多的太阳，都不能直接用望远镜看，还要加一个有色镜片呢？

很多人都做过或者听过这样一个实验，把放大镜放在太阳下，阳光会透过镜片聚焦到一个点上，这个点就是"焦点"。如果在焦点的位置放上容易燃烧的东西，比如棉花球，不一会儿，棉花球就会燃烧起来。这个简单的实验向我们展示了太阳的威力——一个小小的凸透镜（周围薄、中间厚的透明圆形玻璃）收集的阳光，聚集起来就可以点燃棉花。

第二篇 | 逃逸时代

天文望远镜的工作原理

　　天文望远镜也是用的放大镜的原理，把凸透镜对准天空，就是一个最简单的天文望远镜。需要说明的是，望远镜并不是为了看得更远——我们自己的眼睛就可以看到 254 万光年之外的仙女座星云，却看不见 4.2 光年外的比邻星。我们之所以发明望远镜，是为了看得比肉眼更清楚，看到更暗的、肉眼看不到的物体和细节。

　　普通天文望远镜主要的部件有两个：一个是伸出去的镜头——物镜，物镜是一面大型的放大镜，可以收集到物体发出的更多的光；一个是贴近眼睛的镜片——目镜，也是一面放大镜，用来接收物镜聚焦后的光线并形成图像。物镜比较大，目镜比较小，这样单位面积上光的强度增加了，就可以看到肉眼无法看到的天体，让看不清楚的东西变得清晰可辨。

《流浪地球》的数理化

现在，我们就知道了为什么不能用望远镜直接观察太阳——与天空中的其他微小的或者本身不发光的物体比起来，太阳实在是太亮太热了，正午的时候，用肉眼直视太阳，都会损伤眼睛，如果用放大镜来聚焦本来就很强烈的阳光，再用眼睛直接来看的话，大概率会跟棉花球一个结局。

科学家还专门做过一个实验，在空地上架起一架望远镜对准太阳，把一只猪的眼睛放在望远镜下，一分钟不到，猪眼就开始冒烟了。拿下来之后，发现眼睛的内部结构全都损坏了。所以，如果我们要观察太阳，需要用有色镜片等各种各样的方式来滤过一些不需要的光线，减少进入视线的阳光强度。

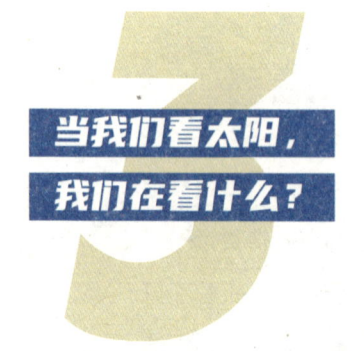

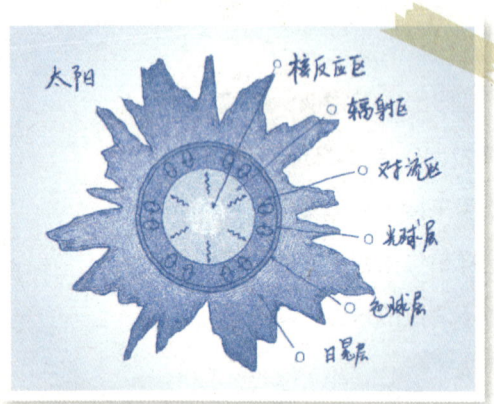

3 当我们看太阳，我们在看什么？

你知道当我们看太阳的时候，看到的是太阳的哪个部分吗？仅凭直觉的话，可能很多人会以为看到的是太阳最外面的那一层。其实，太阳的外层一般情况下是看不到的，为什么会这样呢？让我们先来看一看太阳的结构。

虽然太阳看起来是一个简简单单、颜色单一的球体，但是结构比五彩缤纷的地球更加复杂。地球的主要结构只有三层，而太阳却是"里三层、外三层"。

"里三层"分为三个区：最里面的是我们熟悉的核反应区，也就是日核。它的半径是整个太阳半径的四分之一，体积是太阳的六十四分之一，质量却占到总质量的一半以上。在这个 1500 万摄氏度的高压锅里，氢元素熊熊燃烧，持久而又稳定地输出着能量。整个太阳系百分之九十九的能量都来自这个小小的核心。

日核外面大约四分之一到五分之四个太阳半径的区域，是有半个太阳那么大的"辐射区"。这里充满了各种各样的电磁波和粒子流，温度从内到外逐渐降低，大概在 700 万 ~200 万摄氏度，主要的功能是能量转运。辐射区不停地吸收着太阳内核发出的能量，并将这些能量依次以 X 射线、远紫外线、紫外线、可见光等形式向外辐射到下一层——对流区。

对流区是一个风暴的世界，厚度大约有 0.28 个太阳半径。我们知道，热空气会上升，冷空气会下降。对流区内层靠近高温的辐射区，外层靠近宇宙空间，内外存在着巨大的温差。于是，高温的物质上升，低温的物质下沉，物质在对流区急速地上下翻滚，掀起了巨大的风暴。风起云涌之间，高温物质不断往外送，低温物质回炉加热，通过物质对流的方式继续把能量往外层传递。

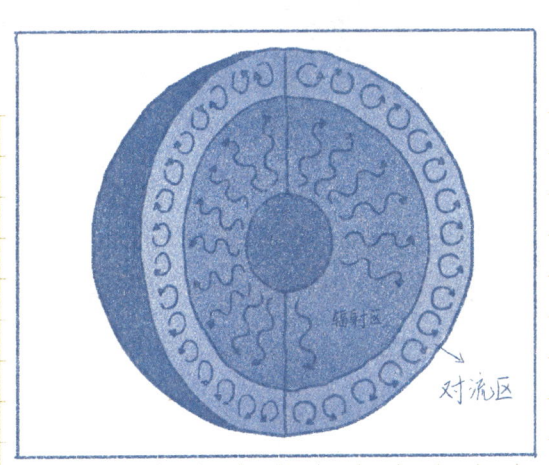

《流浪地球》的数理化

> 2022年2月，科学家观测到有记录以来最大的日珥

经过了对流区之后，我们就来到了太阳的外层。外层其实就是太阳的大气层，从内到外依次是光球层、色球层和日冕层。

光球层位于对流区顶部，在这里，温度已经降到了5700摄氏度左右。太阳绝大部分的可见光都是从光球层发出的，所以叫"光球"非常名副其实。光球层的平均密度只有水的几亿分之一，但是因为厚度有500公里，亮度也很高，所以我们的肉眼没办法穿过光球层看到更深的太阳。光球层上有的地方温度高一些，颜色更明亮，称为"光斑"，有的地方温度低一些，颜色更暗，在旁边耀眼光芒的对比下显得比较黑，科学家把它们叫作"太阳黑子"。我们测量的太阳半径，是从太阳的中心拉到光球层表面就结束了，而我们所说的太阳的表面温度，指的也是光球层表面的温度。

光球层的外面包裹着一圈厚薄不匀的色球层，薄的地方只有2000公里，厚的地方可以达到10000公里。色球层的密度比光球层还低，散发着一种淡淡的玫瑰色光芒。在它的边缘常常跳动着大大小小的红色火焰，就像太阳的耳朵一样，所以我们把它叫作"日珥"。有时它的上面又会出现大面积的能量爆发，形成大而亮的斑块，叫作"太阳耀斑"，一个大耀斑几分钟内就可以爆发出和10亿颗氢弹爆炸一样大的能量，产生的热量和电磁辐射可能给地球上的天气、电力和通信带来不同程度的影响。

但是，总的来说，色球层发出的可见光只有光球层的几千分之一，所以，平时它的光芒都被光球层发出的光遮盖了，我们没法看到。只有在日全食前后，光球层被月球的影子完全挡住，或者使用专门的色球望远镜（也就是"日珥镜"）观测，才能看见色球层那一轮美丽的辉光和跳动的火焰。非常诡异的一件事是，太阳的温度到了这里反而又开始升高了。从色球层底部向上走，温度会从 5000 摄氏度上升到几十万甚至上百万摄氏度，而目前科学家还没有找到这种异常现象产生的原因。

《流浪地球》的数理化

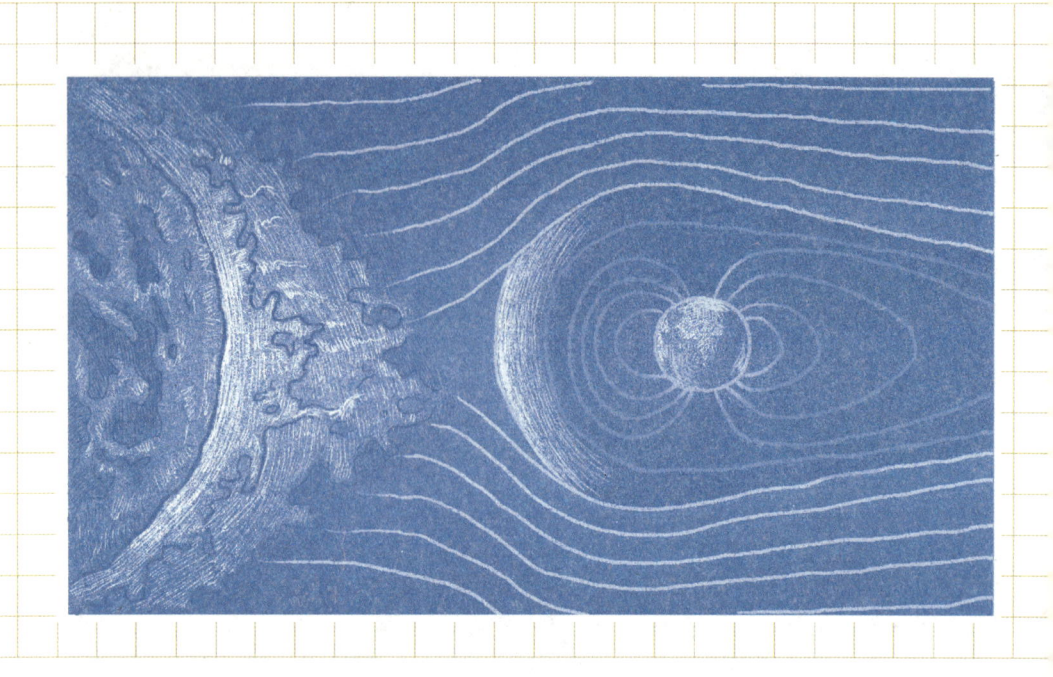

　　日冕层是太阳最外层更加稀薄、散发着银色光芒的大气，它的厚度可以达到几百万公里，比太阳的直径多好几倍。日冕层继续保持着 100 万摄氏度的高温。在这样的温度下，氢、氦等原子不能再维持自己的结构，被电离成质子、氦原子核，以及脱离了原子核束缚的自由电子。这些带电的粒子以极快的速度四散逃逸，飞向太阳之外，就形成了"太阳风"。太阳风吹到地球时，会被地球磁场阻挡，只有在磁力较弱的南北极才能够穿过，在地球大气层内形成五彩斑斓的极光。

　　所以，我们用肉眼或者一般的天文望远镜看到的圆盘状的太阳，只是太阳的第四层——光球层。而我们看到的太阳光，从太阳的内核磕磕碰碰走到外层，需要花掉 17 万年那么长的时间。因为光球层太过明亮刺眼，普通的天文望远镜一般会用一种叫作"巴德膜"的塑料膜覆盖在伸向天空的物镜上，滤掉强烈的阳光，这样我们看到的太阳就会失去它的颜色，变成一个暗淡的白色圆盘，以及点缀在圆盘上的黑子和耀斑。

　　更好一些的天文望远镜会把物镜从凸透镜换成一种叫作"赫歇尔棱镜"的装置，这种特殊设计的棱镜可以折射、散射掉 95% 的光和热，将剩下 5% 左右的太阳光反射到一面深色的减光玻璃上，将阳光减弱到肉眼可以承受的程度再传到目镜上。这样看到的太阳图像就不再只有黑白两色，图像更清晰，观测也更安全。因为巴德膜如果损坏，会让强烈的阳光直射进眼睛；赫歇尔棱镜如果损坏，阳光就到不了眼睛了。

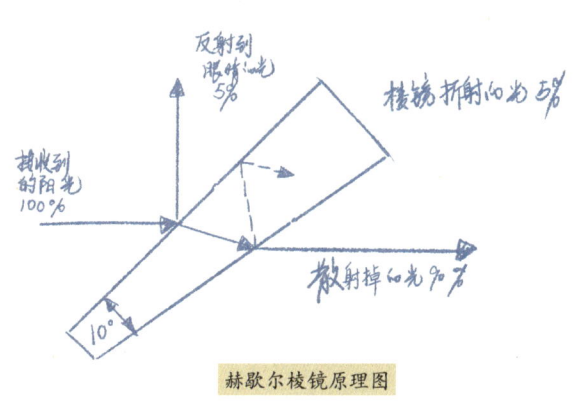

普通天文望远镜看到的太阳

赫歇尔棱镜看到的太阳

赫歇尔棱镜原理图

《流浪地球》的数理化

小说里加代子的天文望远镜可以看到日珥，所以她使用的应该是业余爱好者望远镜的顶级配置——日珥镜。日珥镜采用一种特殊的滤光器，将其他光波全部过滤掉，只留下色球层发出的一个独特波段的光芒，这样观测者不仅能够看到一个熊熊燃烧着的巨大红色火球，就连火球边缘喷发的细小的日珥也能清晰看见。

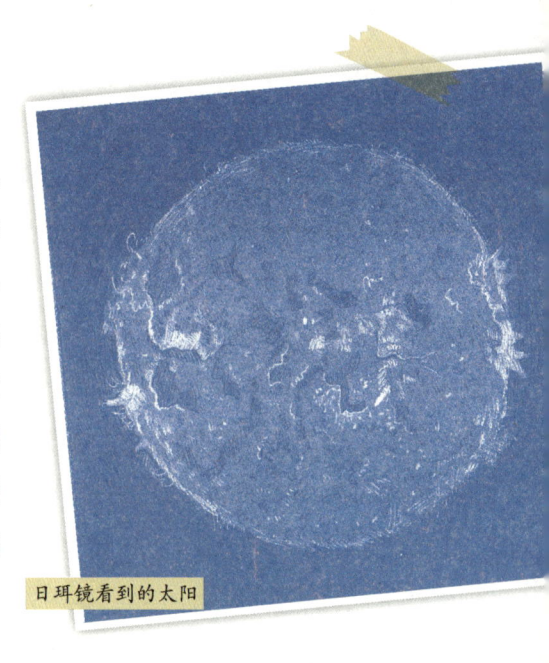

日珥镜看到的太阳

4 小说里的民间观测靠谱吗？

基本上是不靠谱的。即使是在四个世纪之前的现在，物理学家们也已经发明出了各式各样的专业太阳望远镜来观测和研究太阳。有建设在地面的大型光学望远镜、磁场望远镜、射电望远镜，有发射到太空的空间太阳探测器，有可以飞到日冕里面的太阳探测器，还有放在很深的矿洞或者南极厚厚的冰盖之下的中微子探测器。这些望远镜与具有超级算力的计算机互相配合、协同工作，形成一张巨大的观测研究网，可以全天候、多角度、多层面地收集和分析来自太阳的信息。而四个世纪之后，这张专业的"天眼"之网只会织得更密，看得更精准，绝不是业余爱好者人手一支的天文望远镜或者民间太阳探测器可以比拟的。

目前离太阳最近的望远镜——"帕克"太阳望远镜

况且，不同的人面对望远镜传来的同样的图像，以及计算机给出的同样的数据都可能会有完全不同的解读。科学之所以是科学，不仅仅在于配备了多少专业、高端的设备，更重要的是要有受过专业训练，能够正确使用这些设备解读和分析数据，掌握现象之间的联系和物理规律的

《流浪地球》的数理化

各式各样的太阳望远镜

底层逻辑，并进行创造性工作的人。此外，科学的可靠性其实也并不取决于科学家个人是否值得信赖，而是通过一系列严格的评议、审核程序和制度来保障。所以，如果没有专业背景，选择信任由科学家组织发布的信息和知识，而不是抄上家伙自己干或者听信坊间流传的消息，才是更加聪明和高效的方式。

2021年10月，中国科学家们也设计并发射了首颗太阳探测实验卫星——以中国神话中的太阳女神的名字命名的"羲和"号太阳探测器。"羲和"号在全球首次实现了全日面的Hα波段光谱成像观测，46秒之内就可以获得太阳表面将近1600万个点的光谱信息，相当于专门为太阳定制了高精度全天候的CT扫描仪。

第二篇 | 逃逸时代

这个年轻的探测器还将在 517 公里的太阳同步轨道上不间断地工作 3 年，帮助科学家们研究太阳大气的动力学过程，以及太阳爆发活动的物理机制等课题。也许，未来关于太阳大爆发的某一次预测，就来自它或它的继任者们传回的信息呢。

中国发射的首颗太阳探测器
——"羲和"号

第十章
恒星的终结

原文摘录

叛乱,比太阳更早爆发

越来越多的人坚信太阳要爆炸是独裁者编造的弥天大谎。为了夺回地球发动机的控制权,叛乱在各个大陆同时爆发了。叛军日益壮大,美洲、非洲、大洋洲和南极洲相继沦陷。政府军与叛军在地球发动机所在的东亚和中亚对峙了三个月,加入叛军的加代子在澳洲的战役中阵亡后,我也开始动摇,和更多政府军军官和士兵一起站到了反抗者的队伍中。最后,拿着武器的愤怒人群冲进了地球发动机的驾驶室。为了保护发动机的安全,联合政府最高执政官带着最后的五千多人选择投降,交出驾驶室的控制权。

控制中心巨大的密封门隆隆开启,五千多名最后的地球派成员一群群走了出来,在叛军的押送下向海岸走去。一路上两边挤满了人,所有人都冲他们吐唾沫,用冰块和石块砸他们。他们中有些人密封服的面罩被砸裂了,外面零下一百多摄氏度的严寒使那些人的脸麻木了,但他们仍努力地走下去。我看到一个小女孩,举起一大块冰用尽全身力气狠命地向一个老者砸去,她那双眼睛透过面罩射出疯狂的怒火。

当我听到这五千多人全部被判处死刑时,觉得太宽容了。难道让他们仅仅一死吗?这一死就能偿清他们的罪恶吗?能偿清他们用一个离奇变态的想象和骗局毁掉地球、毁掉人类文明的罪恶吗?他们应该死一万次!这时,我想起了那些做出太阳爆发预测的天体物理学家,那些设计和建造地球发动机的工程师,他们在一个世纪前就已作古,我现在真想把他们从坟墓中挖出来,让他们也死一万次。

真感谢死刑执行者们,他们为这些罪犯找了一种好的死法:他们收走了被判死刑的每个人密封服上加热用的核能电池,然后把他们丢在大海的冰面上,让零下一百多摄氏度的严寒慢慢夺去他们的生命。

这些人类文明史上最险恶、最可耻的罪犯在冰海上站了黑压压的一片,在岸上有十几万人在看着他们,十几万副牙齿咬得咔咔响,十几万副眼睛喷出和那个小女孩一样的怒火。

这时,所有的地球发动机都已关闭,壮丽的群星出现在冰原之上。

我能想象出严寒像无数把尖刀刺进他们的身体,他们的血液在凝固,生命从他们的体内一点点流走,这想象中的感觉变成一种快感,传遍我的全身。看到那些人在严寒的折磨中慢慢死去,岸上的人们快活起来,他们一起唱起了《我的太阳》。我唱着,眼睛看着星空的一个方向,在那个方向上,有一颗稍大些、刚刚显出圆盘形状的星星发出黄色的光芒,那就是太阳。

啊,我的太阳,生命之母,万物之父,我的大神,我的上帝!还有什么比您更稳定,还有什么比您更永恒?我们这些渺小的、连灰尘都不如的碳基细菌,拥挤在围着您转的一粒小石头上,竟敢预言您的末日,我们怎么能蠢到这个程度!

一个小时过去了,海面上那些反人类的罪犯虽然还全都站着,但已没有一个活人,他们的血液已被冻结了。

我的眼睛突然什么都看不见了,几秒钟后,视力渐渐恢复,冰原、海岸和岸上的人群又在眼前慢慢显影,最后完全清晰了,而且比刚才更清晰,因为这个世界现在笼罩在一片强烈的白光中,刚才我眼睛的失明正是由于这突然出现的强光的刺激。

但星空没有重现,所有的星光都被这强光所淹没,仿佛整个宇宙都被强光融化了,这强光从太空中的一点迸发出来，那一点现在成了宇宙中心，那一点就在我刚才盯着的方向。

太阳氦闪爆发了。

《我的太阳》的合唱戛然而止，岸上的十几万人呆住了，似乎同海面上那些人一样，冻成了一片僵硬的岩石。

太阳最后一次把它的光和热洒向地球。地面上冰结的二氧化碳干冰首先溶化，腾起了一阵白色的蒸气；然后海冰表面也开始溶化，受热不均的大海冰层发出惊天动地的巨响；渐渐地，照在地面上的光柔和起来，天空出现了微微的蓝色；后来，强烈的太阳风产生的极光在空中出现，苍穹中飘动着巨大的彩色光幕……

在这突然出现的灿烂阳光下，海面上最后的地球派们仍稳稳地站着，仿佛五千多尊雕像。

太阳氦闪爆发只持续了很短的时间，两个小时后，强光开始急剧减弱，很快熄灭了。在太阳的位置上，出现了一颗暗红色球体，它的体积慢慢膨胀，最后达到了从原来地球轨道上看到的太阳大小。这意味着它的实际体积已大到越出火星轨道，而水星、火星和金星这三颗地球的伙伴行星，这时已在上亿度的辐射中化为一缕轻烟。

但那个红球已不是太阳，它不再发出光和热，看去如同贴在太空中的一张冰冷的红纸，它那暗红色的光芒似乎是周围星光的散射。这就是小质量恒星演化的归宿：红巨星。

50亿年的壮丽生涯已成为飘逝的梦幻，太阳死了。

幸运的是，还有人活着。

1 太阳的殉葬品

关于太阳爆发是个骗局的流言传遍全球。在争夺地球发动机控制权的世界大战中,加代子加入了反抗政府军的队伍并且很快阵亡,经过激烈的思想斗争之后,主角也和很多政府军一起转而投向了叛军。叛军一路推进到地球驾驶室的门口,剩下的五千多名联合政府军成员和坚信自己学说的科学家们为了保护发动机选择了投降。

就在几万暴动的人群在集体的狂热之中处死投降的战俘之后,太阳氦闪爆发了。寒风中五千多个冻得僵硬的地球派雕塑,成为疯狂的人类献祭给太阳最后的殉葬品。而太阳也在这场短暂的氦闪之后,走向了它生命的终结。

2 氦闪是如何发生的?

根据恒星生命周期的规律,不出意外的话,大约50亿年以内,太阳就会把它核心的氢元素全部烧掉,变成氦元素。氦元素会继续聚在一起变成其他物质吗?暂时还不会,因为想要把越重的物质压缩在一起,需要的温度就越高,现在太阳的温度还达不到氦核聚变所需的温度。但是气氛已经烘托到位了,氢已经燃烧完,没有东西可烧,怎么办呢?就挺尴尬。本来在主序星阶段,氢燃烧释放热,热膨胀产生向外的压力。热的压力和太阳自身向内的重力保持着稳定的平衡。现在热压力变小了,重力没有变化,数百亿年的平衡被打破了。

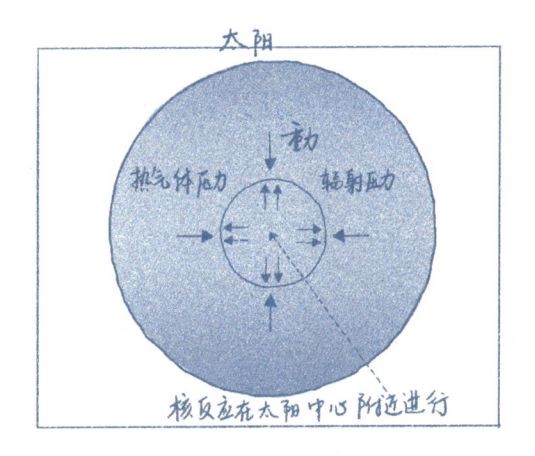

《流浪地球》的数理化

　　于是，在太阳的中心，重力占据了上风，内核开始收缩。就像压缩气体可以产生热量一样，收缩也会释放热量，让太阳核心外层那一圈剩余的氢加速燃烧，形成了一个壳，维持着恒星的辐射。氢壳的燃烧让氦在太阳的中心堆积得越来越多，引力也越来越大，太阳的内核抵挡不住持续变大的引力，开始进一步坍缩。这个时候，引力势能转化为热能，就像吹气球一样渐渐吹起了核心外面的氢壳，传递到太阳的外层，外层开始膨胀，体积越变越大，表面温度越来越低，颜色也越变越红。**这个时候，太阳就开始脱离它的主序星阶段，渐渐变成一颗让整个太阳系瑟瑟发抖的庞然大物——红巨星。**

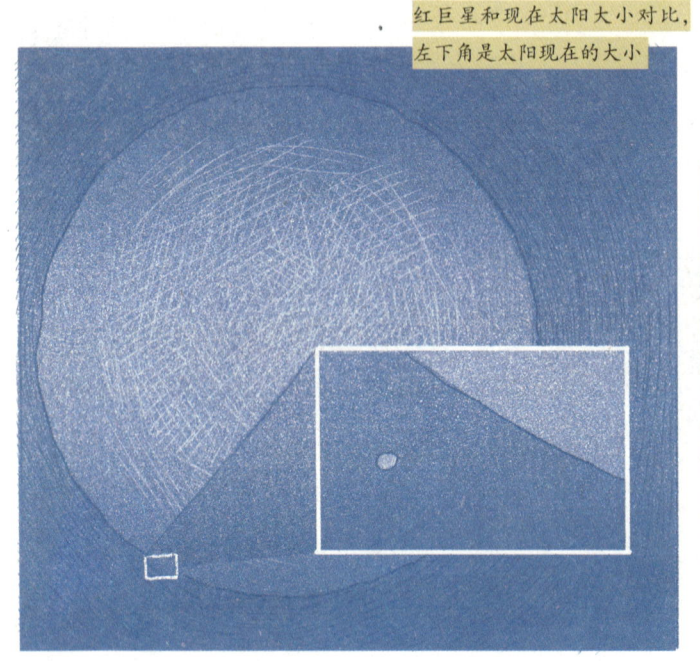

红巨星和现在太阳大小对比，左下角是太阳现在的大小

红巨星

夕阳红阶段的太阳变得不再稳定，它不停膨胀，在吃掉距离比较近的水星和金星之后，还将持续燃烧和扩散长达十亿年左右。在这个过程中，地球会不会被吃掉，目前还没有一个比较确定的判断。不过，根据天文学家们模拟和演算的情况来看，被吃掉的可能性会更高一些。随着时间的流逝，红巨星的外层越来越稀薄，最后外层飘散开来，变成美丽的宇宙风景——行星状星云，而它的内核在引力的作用下会继续收缩，成为一颗白矮星……消耗掉所有的能量后，最终变成一颗死寂的黑矮星。

哈勃太空望远镜拍到的两颗美丽的行星状星云

在这个过程中，氦闪又是怎么发生的呢？

太阳成为红巨星后，内核会继续升温，达到1亿开尔文以上时，在某一个时刻氦元素会突然被点爆，完全失控地挤在一起变成另外一种元素——碳元素。这就是小说中开启地球逃亡模式的罪魁祸首——"氦闪"。即使对于熊熊燃烧了亿万年的太阳来说，氦闪也是超级剧烈的，它在短短几秒钟就能释放出太阳数百万年氢核聚变

《流浪地球》的数理化

所释放的全部能量。氦闪发生在太阳上，就像往平静黑暗的池塘中心扔下了一颗原子弹。

为什么氦的聚变会突然失控呢？

原来，红巨星的内核坍缩到了一定程度，里面的物质会变得非常非常密，**物理学家们把这种极端的高密度状态叫作"简并态"**。听起来像是很难理解的一个词，但其实简并态跟固态、液态、气态一样，只是物质的一种状态。这种状态的物质有点像气体，因为它们之间是分散开来的，彼此并没有任何形式的结合。但是它又更像是固体，因为粒子与粒子非常紧密地堆积在一起，最密的固体跟它比起来也稀薄得像空气。

对于想要稳定燃烧的恒星来说，简并态的物质有一个巨大的缺点，就是对温度不敏感。当红巨星的内核不断坍缩，温度越来越高，简并态物质并不会像普通物质一样通过膨胀来散发热量，把温度维持在稳定的范围内。于

中子星就是一种致密的简并态的星球

是，温度不断变高，让核聚变的速度越来越快，核聚变的加快反过来又让温度升高的速度也越来越快，如此反复，当这种失控的状态到达临界点的时候，就像烧了太久的压力锅一样，太阳爆炸了。

由于能量巨大，"氦闪"这样的爆炸只能持续几个小时。之后，太阳会恢复原来的平静，内核继续坍缩，外层继续扩散，再经历数次"氦闪"之后，慢慢走向它生命的终点。

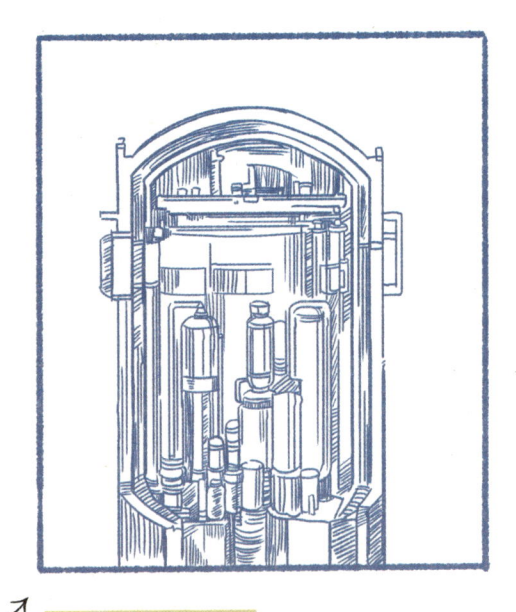

正常的氦聚变 = 核电站
失控的核聚变 = 核弹

《流浪地球》的数理化

3 小说中氦闪的场景可能会出现吗？

看到这里，你可能会有一个疑问，前面所说的太阳走向衰老的过程和小说里好像有点不太一样？小说中，先是出现氦闪，然后太阳才迅速膨胀为一颗红巨星。而按照我们的恒星演化理论，氦闪的爆发是在太阳成为红巨星以后才发生的，而不是之前。实际上，根据目前的恒星结构模型和演化规律来看，氦闪确实应该出现在太阳脱离主序星阶段十亿年之后。并且，太阳从主序星变成红巨星的时间长达数十万年到数百万年，不会像小说中所描写的在短短一天中，就从光芒黯淡的白色棒球，迅速膨胀到和在地球轨道上看到的一样大，并且吞没了水星和金星。所以，小说中氦闪的宏大场面，在现实中基本上是不会原样重现的。

另外，人类虽然已经看过了很多恒星是如何展开它们波澜壮阔的一生的，但是到目前为止，还从来没有观测到过氦闪。一方面，这有可能是因为氦闪持续的时间比较短，在恒星上百亿年的生命中稍纵即逝，难以捕捉。另一方面，天文学家们觉得更大的可能是因为氦闪发生在恒星的中心最深处，虽然释放的瞬间能量巨大，但是大部分能量都用来让太阳膨胀为超级怪兽红巨星了，剩下不多的能量也会被恒星厚厚的外壳吸收，在红巨星的表面几乎不会掀起多少波澜。所以，就算太阳爆发了氦闪，而我们像小说的主角一样正在直勾勾地盯着它，也很有可能什么都看不到。

不过，科幻故事就是关于科学的假设和幻想，在逻辑自洽的情况下，科幻小说可以做任何设定。《流浪地球》一开始的设定就是：太阳的活动出现了异常，与我们已知的恒星演化理论相悖。在故事发生的那个世界，很可能我们现在的天体物理理论体系都是错误的或者不完备的。所以，一切皆有可能。

做一做

哪些恒星会发生氦闪呢?

A. 0.5 个太阳质量以下的恒星

B. 0.5~2 个太阳质量的恒星

C. 两个太阳质量以上的恒星

D. 所有恒星

答案：B

氦闪只有在和太阳质量差不多大的恒星上才会发生。

质量比太阳大 2 倍以上的恒星因为产生的能量更多，核心温度比太阳高很多，本身的燃烧已足够剧烈，所以氦的聚变并不会出现"氦闪"这样的爆炸场面。不过，大质量恒星的结局是"超新星爆发"，效果更像小说中的氦闪。

比半个太阳还小的恒星因为质量低，释放的能量不够，连氦聚变所需的温度都达不到，所以同样不会发生氦闪。

CHAPTER 3

第三篇　流浪时代

· 孤独的航程

孤独的航程

原文摘录

飞行在银河系的辉光里

当我回忆这一切时，半个世纪已过去了。二十年前，地球航出了冥王星轨道，航出了太阳系，在寒冷广漠的外太空继续着它孤独的航程。

最近一次去地面是十几年前的事了，那是儿子和儿媳陪我去的，儿媳是一个金发碧眼的姑娘，就要做母亲了。

到地面后，我首先注意到，虽然所有地球发动机仍全功率地运行，巨大的光柱却看不到了，这是因为地球大气已消失，等离子体的光芒没有散射的缘故。我看到地面上布满了奇怪的黄绿相间的半透明晶体块，这是固体氧氮，是已冻结的空气。

有趣的是，空气并没有均匀地冻结在地球表面，而是形成了小山丘似的不规则的隆起，在原来平滑的大海冰原上，这些半透明的小山形成了奇特的景观。银河系的星河纹丝不动地横过天穹，也像被冻结了，但星光很亮，看久了还刺眼呢。

地球发动机将不间断地开动500年，到时，地球将加速至光速的千分之五，然后地球将以这个速度滑行1300年，走完三分之二的航程，然后它将掉转发动机的方向，开始长达500年的减速。地球将在航行2400年后到达比邻星，再过100年时间，它将泊入这颗恒星的轨道，成为它的一颗行星。

我知道已被忘却

流浪的航程太长太长

但那一时刻要叫我一声啊

当东方再次出现霞光

我知道已被忘却

起航的时代太远太远

但那一时刻要叫我一声啊

当人类又看到了蓝天

我知道已被忘却

太阳系的往事太久太久

但那一时刻要叫我一声啊

当鲜花重新挂上枝头

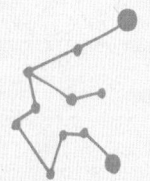

....

每当听到这首歌,一股暖流就涌进我这年迈僵硬的身躯,我干涸的老眼又湿润了。我好像看到半人马座三颗金色的太阳在地平线上依次升起,万物沐浴在它温暖的光芒中。固态的空气融化了,天变蓝了。两千多年前的种子从解冻的土层中复苏,大地绿了。我看到我的第一百代孙子孙女们在绿色的草原上欢笑,草原上有清澈的小溪,溪中有银色的小鱼……我看到了加代子,她从绿色的大地上向我跑来,年轻美丽,像个天使……

啊,地球,我的流浪地球……

《流浪地球》的数理化

1 在希望的田野上

　　小说的终章，是氦闪爆发的半个世纪之后。地球已经飞离了太阳系的最后一个星球，飞进了更加寒冷的空间里，在银河系辉光的照耀下全速前行。

　　空气中，凝固点在零下78摄氏度的二氧化碳已经在上一次氦闪的温暖中被蒸发掉，大量的氮气和氧气因为凝固点低很多，没来得及蒸发，冻结在了地面上，形成了奇异的黄绿相间的半透明小山丘。消失的大气层让发动机的等离子体光柱在地球的另一面也消失了。

　　在一代又一代人对遥远家园的幻想中，地球孤独地飞行着。飞往未来的两千多年里，地球会变成什么样子，人类会变成什么样子，迎接我们的比邻星，又会是什么样子？

2 等离子体是什么？

　　等离子，一个在小说中出现了数次，听上去比较有距离感的科学名词，平时我们大概只有在逛街的时候，在商场的等离子电视展示区才能看到这几个字。等离子是一种特殊的物质吗？其实不是的，相反，等离子非常普通。我们平常看到的火焰、闪电、霓虹灯里闪烁的光都是等离子体。包括太阳在内，绝大部分发光的星球，它们的内部也是等离子体。**实际上，等离子体是宇宙中最常见的东西了，整个宇宙中我们能看到的物质，百分之九十九都是由等离子体构成的。**

第三篇 | 流浪时代

日常生活中常见的等离子体：
火焰、闪电、霓虹灯

《流浪地球》的数理化

那么，等离子到底是什么呢？其实，等离子同样只是物质的一种形态。我们知道，根据形态的不同，日常生活中常见的物体可以分为固体、液体和气体。比如水，固体的时候是冰，液体的时候是水，气体的时候是水蒸气。想要把冰变成水，只需要把它丢到锅里去煮。想要得到水蒸气的话，把水煮开就可以了。如果我们继续煮，会发生什么呢？——会把锅煮干。没有发生奇怪事情的原因是你家的燃气灶温度不够。如果温度足够高，水蒸气会在 1000 摄氏度的时候开始分解。煮到 3000 摄氏度左右，水会被分解成组成它的元素——氢和氧，这个时候，水就从水分子变成了一群疯狂运动的氢原子和氧原子。继续加热到 10000 摄氏度以上，由于震荡实在太过剧烈，由原子核和在它外面缠绕的电子组成的 CP 开始变得不再稳定。原子核开始把它的电子甩出自己的地盘，把氢原子和氧原子拆分成一锅带正电的原子核和带负电的电子。电子离开原子核的过程就叫作"电离"，而离开了电子的原子核就成了"离子"。电子和离子带的电荷相反，数量相等，所以我们

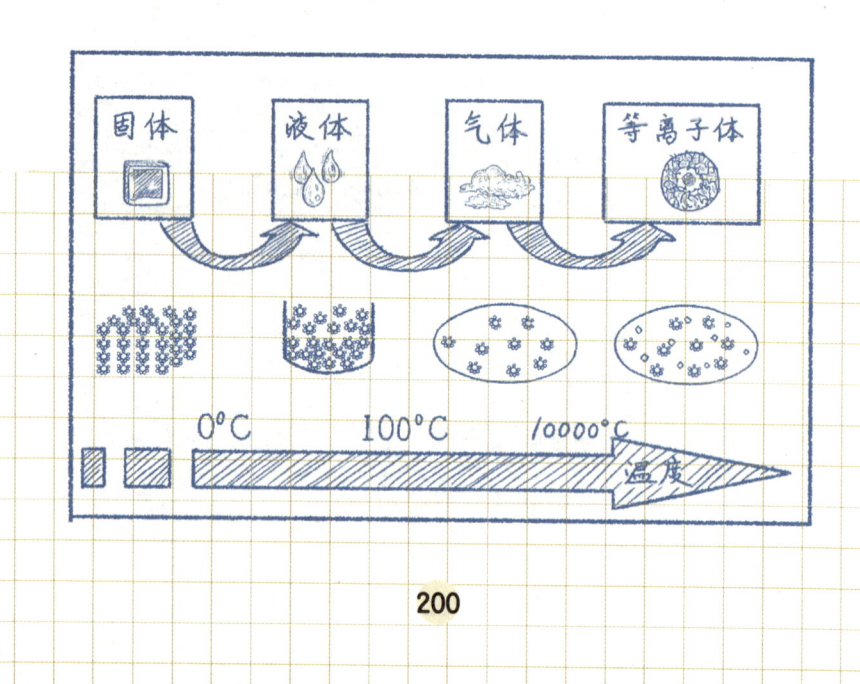

就把这些电子和离子的状态叫作"等离子态",而这锅闪闪发光的高能粒子汤,就是区别于固体、液体和气体的另外一种"体"——等离子体。因为里面充满了各种乱跑的带电粒子,所以等离子体比较像是一团电浆。

等离子体看起来是什么样子呢?它里面的物质非常稀疏,没有确定形状和体积,并且具有流动性,所以比较像气体。同样是一些比原子还小的粒子聚在一起,如果简并态物质是最硬的铁,那么等离子态的物质就是最轻的风。

等离子还有很多独特的性质,比如它们喜欢成群结队地活动,非常容易导电,所以利用磁场就可以很好地捕捉、控制它们,并把它们放到电视机屏幕或者其他什么东西里面,排列成我们想要的样子。我们熟悉的太阳风也是一种等离子体,地球的磁场让它们流动到南北两极,把它们变成美丽的极光。

《流浪地球》的数理化

3 比邻星能成为我们的太阳吗？

2000年，《流浪地球》小说问世的时候，人类对比邻星的认识还比较少，也不清楚比邻星的周围是否有行星存在，对这颗离我们最近的恒星有着许多幻想和期待。近年来，随着对星空探索的不断深入，天文学家们发现，虽然比邻星拥有超短距离和超长待机等移民优势，但同时也有很多问题让我们对它有点望而却步。

最难的一点是，比邻星的宜居带可能并不宜居。因为个头小、温度低，比邻星的宜居带离比邻星只有0.04个天文单位那么远，也就是在离恒星大概600万公里的范围。在这么近的轨道中运行，地球将会被比邻星潮汐锁定，除非外力推动，否则将无法仅仅依靠一个初始的速度维持自转。地球将变得像月亮那样，永远只有一面朝向所围绕的星球，另一面则是永恒的寒夜。这样的地球面临的将是后太阳时代初期一样的严酷环境，再也不能回到变换的四季和昼夜中去。

更重要的是，虽然比邻星只是一颗很小的红矮星，但是脾气一点也不小。和我们稳定燃烧的太阳不一样，比邻星经常会爆发极其强烈的耀斑，加上离得太近，大量的高能辐射很可能会摧毁宜居带行星的大气层，这对于想要投靠的星球和上面的生物来说是非常严重的威胁。

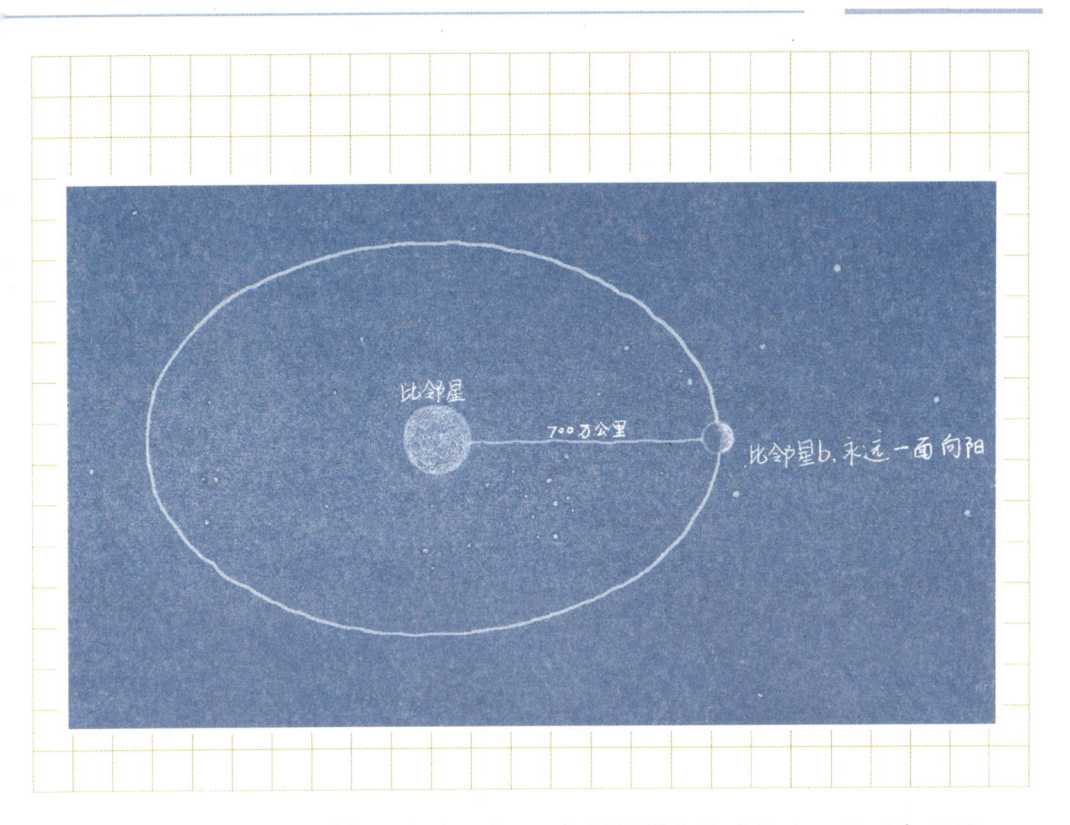

就像是专门为了我们展示这一点一样，2017年，一个国际科学家小组在比邻星周围探测到了一颗位于宜居带内的行星——比邻星b。这颗行星的质量是地球的1.3倍，离比邻星只有700万公里左右，温度非常适宜生命的孕育。但是，据前方探报，和预测的一样，比邻星b确实不会自转，总是以同一面正对着它的"太阳"。

此外，因为比邻星的耀斑爆发特别频繁和强烈，可能让比邻星b的环境变得不适合生命生存。2019年5月，包括哈勃太空望远镜、凌星系外行星巡天望远镜在内的多种设备都观测到比邻星爆发了一个超级耀斑。7秒之内，比邻星的亮度暴增了1.4万倍，比我们的太阳有记录以来最强烈的耀斑还要强烈100倍，而比邻星b受到的辐射甚至可能比地球遭受过最强的辐射还高4万倍左右。

研究人员认为，即使比邻星 b 上面曾经有过水和大气，也可能在这样猛烈和频繁的耀斑爆发中被扫荡光了。就算这些问题都不存在，比邻星本来就不宽的宜居带上已经有一颗跟地球差不多大的行星了，再塞一颗地球能不能塞得下，会不会让两颗行星的轨道都变得不稳定等问题也是人类移民计划需要谨慎研究和考虑的。

　　比邻星的环境这么复杂，我们还能再去吗？

　　科学家的回答是：去，当然要去！作为离我们最近的一颗恒星，比邻星实在是太诱人了。并且，以上所有的问题都是源于间接的观测和分析，比邻星和它的行星们到底是什么样子，不去看一看是不会有真相的。

　　人类正在智利建设欧洲极大望远镜（E-ELT），预计到 2024 年，它就能直接为比邻星 b 拍照，还能搜寻行星表面上水或生命的迹象。此外，加利福尼亚大学的一个科研团队正在进行一项雄心勃勃的计划。他

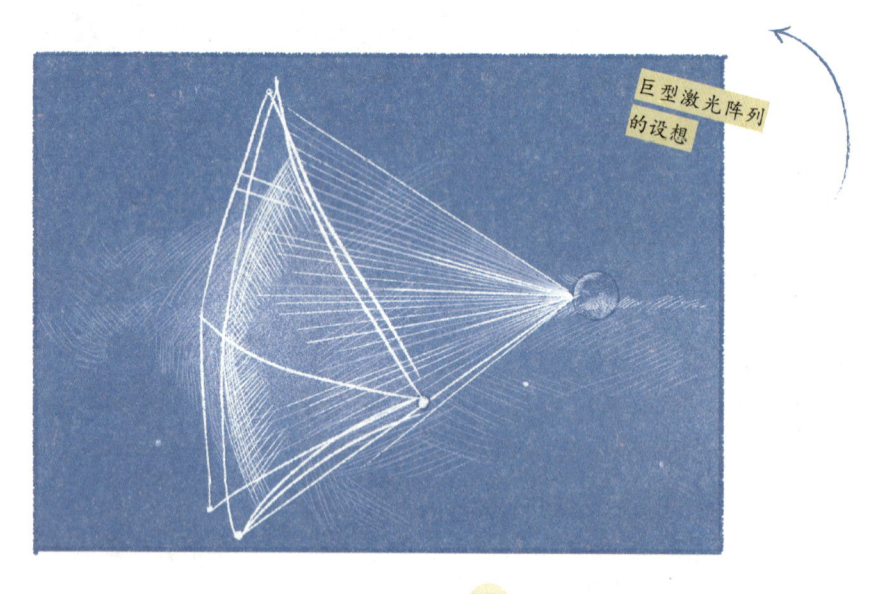

巨型激光阵列的设想

们打算研制一种非常轻盈的太空探测器，并且在 50 年内，用巨型的激光阵列把探测器的速度提高到光速的 30%，这样只需要用 15 年左右的时间就可以到达比邻星了。

在这个漫长的计划里，一种肉眼看不见的小虫——水熊虫将会是搭乘探测器首批抵达比邻星的旅客。作为地球上最古老的动物，水熊虫在极端环境下有着惊人的生命力，甚至可以在太空环境中存活，非常适合作为先遣部队，为人类进行星际探险活动。

幻想作品中的水熊虫

太空似乎也在召唤地球。发现比邻星 b 的两年后，人类又发现了比邻星的第二、第三颗行星——比邻星 c 和比邻星 d。最令人震惊的是，差不多同时，天文学家还通过射电望远镜接收到了来自比邻星方向的无线电信号，这个信号的频率是 982MHz。科学家们做了很多实验和测试，想要证明这个非自然产生的信号是人类发出的，但是到目前为止，他们都没有成功。加利福尼亚大学伯克利分校的研究者说："我们不知道有什么自然方法可以把电磁能量压缩到一个频率上的箱子里。目前，我们知道的唯一来源是射电望远镜接收到的，并排除了信号来自人类世界的可能性。"

这个非人类制造出来的神秘信号究竟是怎么产生的？比邻星区域会有其他文明存在吗？比邻星能成为人类的第二个太阳吗？或者，比邻星 b 有没有可能被改造为"地球 2.0"？答案可能就在水熊虫的身上。

4 地球现在安全吗？

道路千万条，安全第一条，行车不规范，亲人两行泪。地球就像一辆无人驾驶的太阳能电车，行驶在太阳系的固定轨道上。地球现在安全吗？其实，光看行车环境的话还挺不错。"地球号"运行的区域在银河系的两个旋臂之间，远离银河系中心。这里物质相对稀薄，是一片人烟稀少的沙漠。而"地球号"列车开的这条线路——太阳系内侧的第三条轨道正好位于太阳的宜居带上，能量充足，路况良好，前后都没有车辆，已经安全行驶了几十亿年。在外侧，有木星、土星、天王星和海王星 4 辆重型货车，它们庞大的身躯可以为地球遮风挡雨，清理掉绝大多数来自小行星带和太阳系外的飞石的袭击。剩下的碎石，还可以交给轨道旁的清道夫——月球来处理。

再看电车的电池——太阳，一颗正处于黄金时代的主序星。按照现在的观测和推演，它还将温柔地燃烧 50 亿年，为轨道上的车辆提供稳定的能量输出。虽然也会经常爆发剧烈的耀斑、日珥,或者喷射各种可怕的电磁波和高能粒子流,但是数百年来记录的最强的爆发也只有平时总能量的千分之一,很难引起旁边车身的震动。此外,车上还有一层厚厚的气囊和电磁保护罩,可以将大部分的伤害屏蔽在外。所以,如果没有什么意外的话,"地球号"目前是安全的。

但是,随着经年累月的行驶,车上越来越拥挤,环境也越来越复杂。一些乘客无视禁烟标识开始吸烟,车内烟雾缭绕,温度越来越高;一些乘客为了争夺座位不断惹是生非;还有人手里握着足以将车辆毁灭一百次的炸弹在对峙……

所以,当人类问:地球安全吗?也许,宇宙不会回答,太阳不会回答,地球不会回答。